"十二五"职业教育国家规划教材

经全国职业教育教材审定委员会审定

民航运输类专业系列教材

MINHANG JICHANG

DIMIAN FUWU

民航机场地面服务

第三版

何　蕾　主　编

王益友　　副主编

U0359814

化学工业出版社

·北京·

《民航机场地面服务》系统介绍了航站楼旅客流程引导服务、通用服务、售票服务、值机与行李服务、安检服务、联检服务、特殊旅客运输服务、不正常航班保障服务等内容。涵盖民航机场地面服务理论与实践操作，每章设有学习目标、思考与训练项目，理论联系实际，以激发学生自主学习的积极性。为方便教学，每一章配套有教学课件、习题或训练项目，也配套有主要知识点的微课资料等，通过扫描二维码即可得到。本书配套国家资源库课程资源请登录http://www.icve.com.cn搜索"民航机场地面服务"即可获得。

本书可供高职高专空中乘务和机场运行等航空服务类专业学生使用，也可供本科院校民航运输与管理类专业的学生使用，还可作为航空公司相关技术岗位员工进行业务学习的参考资料。

图书在版编目（CIP）数据

民航机场地面服务/何蕾主编. —3 版. —北京：化学工业出版社，2020.1（2025.2重印）
ISBN 978-7-122-35535-5

Ⅰ.①民⋯　Ⅱ.①何⋯　Ⅲ.①民用机场-商业服务-高等职业教育-教材　Ⅳ.①F560.81

中国版本图书馆 CIP 数据核字（2019）第 238631 号

责任编辑：旷英姿　姜　磊　　　　　　　装帧设计：王晓宇
责任校对：王　静

出版发行：化学工业出版社（北京市东城区青年湖南街 13 号　邮政编码 100011）
印　　装：河北延风印务有限公司
787mm×1092mm　1/16　印张 11½　字数 267 千字　　2025 年 2 月北京第 3 版第 7 次印刷

购书咨询：010-64518888　　　　　　　售后服务：010-64518899
网　　址：http://www.cip.com.cn
凡购买本书，如有缺损质量问题，本社销售中心负责调换。

定　　价：39.00 元

前 言

国际航空运输协会（IATA）预测，根据航空运输发展趋势，至 2037 年旅客空运数量将可能翻一番，达到 82 亿。 同时，IATA 分析指出，行业重心东移是旅客数量持续增长的原因，亚太地区将实现最大增长，其中超过一半的新乘客将来自亚太市场，届时，中国将成为亚太地区乃至全球范围内最重要的航空市场。 波音公司在最近发布的《2018—2037 中国民用航空市场展望》中预测未来二十年内，中国将需要总价值达 1.2 万亿美元的新飞机以及 1.5 万亿美元的航空服务。

由此可见，中国已经迅速成为全球航空运输业增长的核心，中国的民航从业人员在不知不觉当中已经站到了全球民航业的中心。 因此，民航企业也将高质量的服务从空中延伸到了地面，服务质量也越来越受到民航企业的重视。 行业的发展对人才质量水平以及高职院校人才培养提出了更高的要求，民航业需要更多专业理论知识与职业能力兼备的专业人才。

机场地面服务是一系列服务的总称，广义上应包括机场、航空公司及其代理企业为旅客、货主提供的各种服务，以及空管、航油公司、飞机维修企业等向航空公司提供的服务。本书从民航旅客运输狭义的角度，将机场地面服务的范围限定在航空公司、机场等相关企业为旅客、货主提供的各种服务，系统介绍了航站楼旅客流程引导服务、通用服务、售票服务、值机与行李服务、安检服务、联检服务、特殊旅客运输服务、不正常航班保障服务等内容。

鉴于目前国内系统介绍民航机场地面服务的图书较少，我们通过对国内外关于机场地面服务与管理书刊的研读，参阅部分航空公司和机场规章及培训教材，结合我国航空运输企业提供服务的现状，编写了本教材。

本书自 2013 年 3 月出版以来，得到了许多高职院校师生的欢迎。 为了满足教学需要，顺应教育市场需求，依据读者使用的反馈意见，我们对第二版进行了修订。 本次修订重点是：教材基本框架保留了原来的章节体系，完善和更新了部分章节的案例，着重修订了第二版中部分老旧的内容，更新了顺应行业发展及民航企业需求的新知识点的内容。 具体包括：更新了第一章有关民用航空发展历史的介绍；第二章补充了扩展阅读；第六章做了较多的整理和修订，涉及值机方式、值机服务时限、托运行李规定、行李逾重等；附录更新了三字代码表。 全文重新整理校对，修订引用的案例和资料均来自航空服务企业，使其能适应教学内容和行业实践的发展。

本书由何蕾主编，全书由何蕾负责统稿。 编写分工如下：本书第一章、第三至第六章由长沙航空职业技术学院何蕾编写；第二章、第七章由长沙市现代商贸中等职业学校薛杰编写；第八章、第九章、第十章由信阳职业技术学院宋黎娜编写。 中国东方航空货运有限公司王益友为本书提供部分素材，并对本书的编写提出了宝贵的建议。

本书在编写过程借鉴吸收了国内外许多学者的研究成果和行业企业的操作标准与工作标准。 在出版之际，谨向上述有关单位和个人表示衷心的感谢。 同时还要特别感谢化学工业出版社，正是在他们的组织和帮助下才有本书的问世。 由于编者水平有限，书中难免存在疏漏和不妥之处，恳请读者和专家批评指正。

编者
2019 年 7 月

# 第一版前言

根据国际航空运输协会（International Air Transport Association，IATA）的报告，中国民航在过去的 30 多年中，以平均每年 17.6% 的速度增长，总周转量 1978 年在全球排第 37 位，到 2005 年排到第二位，仅次于美国，旅客运输量连续六年排名世界第二位，成为仅次于美国的全球第二航空运输大国。 中国的航空客运市场在未来的 20 年里将保持 10% 的增速，2011 年中国的航空市场运输量达 2.92 亿人次的规模，2030 年预计将达到 17 亿人次的规模。

由此可见，中国已经迅速成为全球航空运输业增长的核心，中国的民航从业人员在不知不觉当中已经站到了全球民航业的中心。 因此，民航企业也将以高质量的服务从空中延伸到地面，服务质量也越来越受到民航企业的重视。

机场地面服务是一系列服务的总称，广义上应包括机场、航空公司及其代理企业为旅客、货主提供的各种服务，以及空管、航油公司、飞机维修企业等向航空公司提供的服务。本书从旅客运输狭义的角度，将机场地面服务的范围限定在航空公司、机场等相关企业为旅客、货主提供的各种服务，如航站楼旅客流程引导服务、通用服务、售票服务、值机与行李服务、安检服务、联检服务等。

鉴于目前国内系统介绍民航机场地面服务的书籍较少，本书通过对国内外关于机场地面服务与管理书籍的研读，参阅部分航空公司和机场规章及培训教材，结合我国航空运输企业提供服务的现状，出版了本教材。

本书由何蕾主编，王益友副主编。 全书由何蕾负责统稿。 具体编写分工如下：本书的第一章、第三章、第四章、第五章、第六章由长沙航空职业技术学院何蕾编写；第二章、第七章由湖南都市职业技术学院薛杰编写；第八章、第九章、第十章由信阳职业技术学院宋黎娜编写；中国东方航空公司的王益友为本书提供素材，并对本书的编写提出了宝贵的建议。

本书在编写过程中，参考了很多业内外人士的观点、书籍和文章。 在出版之际，谨向上述有关单位和个人表示衷心的感谢。 同时还要特别感谢化学工业出版社，正是在他们的组织和帮助下才有本书的问世。 由于编者水平有限，书中难免存在疏漏和不妥之处，恳请读者和专家批评指正。

编者

2012 年 12 月

第二版前言

根据国际航空运输协会（International Air Transport Association，IATA）的报告，中国民航业在过去发展的 30 多年当中，以平均每年 17.6% 的速度增长，总周转量在 1978 年在全球排第 37 位，到 2005 年排到第二位，仅次于美国；旅客运输量连续六年排名世界第二位，成为仅次于美国的全球第二航空运输大国。 中国的航空客运市场在未来的 20 年里将保持 10% 的增速，2011 年中国的航空市场运输量达 2.92 亿人次的市场规模，2030 年预计将达到 17 亿人次的规模。

由此可见，中国已经迅速成为全球航空运输业增长的核心，中国的民航从业人员在不知不觉当中已经站到了全球民航业的中心。 因此，民航企业也将高质量的服务从空中延伸到了地面，服务质量也越来越受到民航企业的重视。

机场地面服务是一系列服务的总称，广义上应包括机场、航空公司及其代理企业为旅客、货主提供的各种服务，以及空管、航油公司、飞机维修企业等向航空公司提供的服务。本书从民航旅客运输狭义的角度，将机场地面服务的范围限定在航空公司、机场等相关企业为旅客、货主提供的各种服务，如航站楼旅客流程引导服务、通用服务、售票服务、值机与行李服务、安检服务、联检服务等。

鉴于目前国内系统介绍民航机场地面服务的书籍较少，本书通过对国内外关于机场地面服务与管理书籍的研读，参阅部分航空公司和机场规章及培训教材，结合我国航空运输企业提供服务的现状，编写了本教材。

为了满足教学需要，顺应教育市场需求，依据第一版使用的反馈意见，应广大读者要求对第一版进行了修订。 此次修订的主要工作是：完善和更新了部分章节的案例，增加了能力项目训练。 教材基本框架保留了原来的章节体系，对第四章中的候机楼问询服务做了梳理。 修订引用的案例和资料均来自航空服务企业。

为方便教学，本书配套有电子课件。

本书由长沙航空职业技术学院何蕾主编，中国东方航空公司王益友副主编。 全书由何蕾负责统稿。 本书具体编写分工如下：第一、第三至第六章由何蕾编写；第二、第七章由湖南都市职业技术学院薛杰编写；第八至第十章由信阳职业技术学院宋黎娜编写；王益友为本书提供素材，并对本书的编写内容作了修订和补充。

本书在编写过程中，参考了业内外人士的书籍和文章。 在出版之际，谨向上述有关单位和个人表示衷心的感谢。同时还要特别感谢化学工业出版社，正是在他们的组织和帮助下才有本书的问世及修订。由于编者水平有限，书中难免存在疏漏和不妥之处，恳请各位读者和专家批评指正。

编者

2014 年 4 月

目录

6 第六章 值机与行李服务 /081

7 第七章　　安检服务　　/108

第一章

民用航空概述

了解世界以及中国民用航空运输的发展历史以及不同阶段的特点；理解民用航空在航空工业中的地位和作用；理解民用航空的定义和分类。

第一节
民用航空

一、民用航空在航空工业中的地位

航空业在发展的初期只是一个单一的行业，随着航空制造技术的不断发展，航空运用到了各个领域，到了 20 世纪 20 年代航空业形成了三个相对独立而又紧密相连的行业，它们是航空器制造业、军事航空和民用航空。

航空器制造业又称航空制造业，制造出适用于各种目的和使用条件的航空器以及配套的设备，是整个航空业的基础。没有航空器的制造，所有的航空活动，不论是军事或是民用都无法进行。航空器制造业也是机械工业领域中的一个重要部门。

军事航空是为了保卫国家以及维护国家内部安定而进行的军事性质的航空活动。其中主要部分是空军，其他如警察使用航空器执行任务，海关为打击走私而进行的国家航空活动，都属于军事航空活动。它是国防的重要组成部分。

民用航空是指使用航空器从事民间性质的活动。由于航空运输的迅速发展，在第二次世界大战以后，民用航空运输发展成为一个庞大的行业，成为交通运输业的重要组成部分，对国民经济的发展有着巨大的贡献。

二、民用航空的定义和分类

1. 民用航空的定义

民用航空是指使用各类航空器从事除了军事性质（包括国防、警察和海关）以外的所有的航空活动。这个定义明确了民用航空是航空业的一部分，以"使用"航空器界定了它和航空器制造业的界限，以"非军事"性质界定了它和军事航空的不同。

2. 民用航空的分类

民用航空（简称民航）可分为两大部分，即商业航空和通用航空。

（1）商业航空　是指以航空器进行经营性的客货运输的航空活动。它的经营性表明这是一种商业活动，以盈利为目的。它又是运输活动，这种航空活动是交通运输的一个组成部分，与铁路、公路、水路和管道运输共同组成了国家的交通运输系统。

尽管航空运输在运输量方面与其他运输方式相比较少，但由于其快速、远距离运输的能力及高效益，航空运输在总产值上的排名不断提升，而且在经济全球化的发展中和国际交往中发挥着不可替代的以及越来越重要的作用。

（2）通用航空　民用航空中除去商业航空以外的部分统称为通用航空。按照国际民航组织的分类，可以将通用航空划分为航空作业和其他类两部分。有些国家把航空作业单独作为一类航空，其他类统称为通用航空。其包括的内容和范围十分广泛，可分为以下几类。

① 工业航空　包括使用航空器进行与工矿业有关的各种活动，如航空摄影、航空遥感、航空物探、航空吊装、石油航空、航空环境监测等。在这些领域中利用了航空的优势，可以完成许多以前无法进行的工程，如海上采油，如果没有航空提供便利的交通和后勤服务，很难想象会出现这样一个行业。其他如航空探矿、航空摄影，使这些工作的进度加快了几十倍到上百倍。

② 农业航空　包括为农、林、牧、渔各行业的航空服务活动。其中如森林防火、灭火、撒播农药（图 1-1），其优势是其他方式无法比拟的。

图 1-1　飞机撒播农药

③ 航空科研和探险活动　包括新技术的验证、新飞机的试飞，以及利用航空器进行的气象天文观测和探险活动。

④ 飞行训练　除培养空军驾驶员外，还有培养各类飞行人员的学校和俱乐部的飞行活动。

⑤ 航空体育运动（图 1-2）　用各类航空器开展的体育活动，如跳伞、滑翔机、热气球以及航空模型运动等。

图 1-2　航空体育运动

⑥ 公务航空　大企业和政府高级行政人员用单位自备的航空器进行公务活动。跨国公司的出现和企业规模的扩大，使企业自备的公务飞机越来越多，公务航空就成为通用航空中一个独立的部门。

⑦ 私人航空　私人拥有航空器进行航空活动。

第二节
民用航空的历史和发展

自古以来，人们就对浩瀚无垠的蓝天充满了好奇，这为飞翔留下了许多美丽的传说。在古人的许多著作中，我们会发现制作能飞的各种仪器的众多记载。随着科学技术的不断进步，飞行已经成为现实，也引起人们更多的关注，航空飞行是人类在 20 世纪所取得的最重大的科学技术成就之一。

一、航空业的萌芽

人类真正飞上蓝天开始于 1783 年法国的蒙特哥尔菲（Montgolfier）兄弟制造的热气球载人升空，随后德国人又用气球运送邮件和乘客，这可以说是民用航空的开始。1852 年在法国出现了飞艇，出现了可操纵的有动力的飞行器。整个 19 世纪是气球、飞艇等这些轻于空气的航空器主宰航空的时代，它们首先用于民用，但很快就被用于战争，而军事用途又促进了航空技术的发展。轻于空气的飞行器体积大、速度慢，操纵也不方便，在军事上易受攻击，因而它们的出现不论在民用还是军用领域中都不代表真正航空时代的到来。

航空事业的真正开拓是在飞机这种重于空气的航空器出现以后。重于空气的飞行器的设想出现得比轻于空气的飞行器还要早，但直到 19 世纪，法兰西科学院还在争论是否可能制造出重于空气的飞行器的问题。

1903 年 12 月 17 日，美国的莱特兄弟发明了飞机，在美国北卡罗来纳州驾驶"飞行者一号"进行试飞并获得成功（图 1-3）。此举成为人类第一次可操纵的动力飞机的持续飞行，从此，航空新纪元开始了。

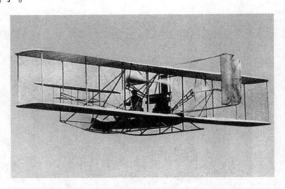

图 1-3　莱特兄弟制造的"飞行者一号"

1909 年，法国人布莱里奥成功地飞越了英吉利海峡，开创了历史上第一次国际航行。

在随后的 10 年中，飞机很快找到了军事用途，1914 年至 1918 年的第一次世界大战，极大地推动了航空技术的发展，这一阶段飞机几乎没有用于非军事用途。

1919 年年初，德国首先开始了国内的民航运输，同年 8 月，英国和法国开通了定期的空中客运，民用航空的历史正式揭开。

从 1919 年到 1939 年的 20 年，是民用航空初创并发展的年代，民用航空迅速从欧洲发展到北美，然后普及到亚、非、拉美各洲，迅速扩展到全球各地，中国也在 1920 年开始建立了第一条航线。1933 年，美国人林白驾驶飞机横越大西洋成功，把航空运输由洲内飞行扩展到了洲际飞行。这个年代最具代表性的民航客机是美国的 DC-3 型飞机。

1939 年至 1945 年的第二次世界大战，中断了民航发展的正常进程。战争对航空的推动力远比民航获取商业利润的推动力大，在六年的战争中航空技术取得了飞跃式的发展。特别是战争后喷气式飞机的出现，为日后民航的大发展奠定了基础。

二、民用航空的恢复和大发展时期

从 1945 年第二次世界大战结束到 1958 年，民用航空经历了恢复和大发展的时期。

1944 年，54 个国家在美国芝加哥签署了《国际民用航空公约》，即《芝加哥公约》，这个公约成为现在世界国际航空法的基础，并在 1947 年成立了国际民航组织。

机场和航路网等基础设施大量兴建，使民用航空改变了过去的点线结构，逐步形成了一个全球范围的航空网。

这一时期，直升机进入了民航服务，成为民航的又一种主要航空器，开辟了民航的新领域。

喷气式民用飞机的研制进入了实用阶段，为民航第二个阶段的发展准备了条件。从 1956 年开始，喷气式飞机进入民航领域，开始了民用航空的一个新阶段。英国作为制造和使用喷气式飞机的先驱国在战后就致力于民用喷气式飞机的研发。1950 年，世界上第一架涡轮螺旋桨喷气客机——英国的"子爵号"（图 1-4）投入使用。1952 年，英国德·哈维兰飞机制造公司研制的使用涡轮喷气发动机的"彗星号"客机在航线上开始使用。但由于出现了三次飞机空中爆炸，喷气飞机又被禁止运营。1956 年，苏联的图-104 投入航线；1958 年，美国的波音 707 和 DC-8 投入航线，喷气航空的新时代开始了。作为喷气式飞机的代表，波音 707 的速度达到每小时 900～1000 公里［1 公里＝1 千米（km）］，航程可达 12000 公里，载客 158 人。正是由于喷气式飞机的使用，使得远程、大众化和廉价的航空成为可能。

图 1-4　英国的"子爵号"

三、民用航空的全球化、大众化时期

自 1958 年开始，民用喷气时代是民航发展的一个新阶段，它标志着民航进入了全球的大众化运输的新时代。

从 20 世纪 70 年代之后，民航继续朝着大型化和高速度的方向发展。1970 年，波音 747 宽体客机投入航线是大型化的一个重要标志。1976 年英、法联合研制的超音速客机"协和号"的投入使用则是民航提高速度在经济上和环境问题上不太成功的一次尝试。2003 年，"协和号"正式退役。

美国于 1978 年放松对航空公司的管制，这对航空运输的管理起到了重要的作用。随着航空运输的迅速发展，人们终于认识到，尽管航空运输业有它特殊的安全需要，并且技术密集，风险较大，但仍然可以通过一系列的安全法规使之按市场经济的法则展开竞争，这样可以促使航空运输企业合理地配置资源，降低成本，促进民航企业的发展。放松管制的趋势扩展到了西欧、日本等地区，使民航市场迅速全球化。在放松管制初期，出现的中、小航空公司由于规模效益低、缺乏竞争力而倒闭或被大公司兼并。然而，在世界范围内，各大航空公司为了争取更大的市场份额，扩展自身的航线网络，分别通过代码共享等途径组成各种战略性联盟来增强自身的竞争力。时至今日，民航已经发展成为一个巨大的国际性行业，对世界经济或多数国家的经济发展有着举足轻重的影响，各国政府和企业都对民航进行了大量的投资，把它作为一个有巨大潜力的行业来开拓发展。

第三节
中国民用航空业的发展

一、新中国成立前民用航空的发展概况

1909 年 9 月 21 日，中国最早的飞机设计师和飞行员冯如，在美国奥克兰州派得蒙特山附近的空地上，成功地试飞了自己设计制造的飞机，虽然飞行距离只有 804 米，飞行高度也只有 5 米，但这是中国人第一次实现了飞上天空的梦想。

1910 年，清政府向法国买进一架"法曼"双翼机，这是我国拥有的第一架飞机。同时在北京南苑毅军操场建立了中国最早的飞机场和飞机修理厂，这也是我国首座机场。

1919 年，北洋政府设立航空事宜处，购置商用飞机，并开辟了我国最早的民航航线—京沪航线的北京至天津段开通。

1929 年，中美合资组建了中国航空公司，1930 年，中德合资筹组欧亚航空公司，并于 1942 年改组成中央航空公司。1937 年 7 月 7 日，日本侵略军进攻卢沟桥（即"七七事变"），中国航空公司上海飞往北平的航线被迫停飞。抗日战争时期，中国的民航事业受到了严重的破坏。

1941 年 12 月 8 日，日军飞机轰炸了香港启德机场，中国航空公司设在启德机场的机航基地及 5 架飞机和欧亚航空公司的多架飞机同时被炸毁。

1945 年 8 月 15 日，日本接受波茨坦公告，宣布无条件投降。抗日战争取得最后胜利，中国航空公司、中央航空公司把总公司陆续迁回上海，并立即投入紧张的"复员运输"。为中国的抗日战争胜利做出了重要贡献。

二、新中国民用航空的发展

新中国民航事业是从无到有、从小到大逐渐发展起来的。1949 年 11 月 2 日，中国民用

航空局成立，揭开了中国民航事业发展的新篇章。从这一天开始，新中国民航事业迎着共和国的朝阳起飞，经历了不平凡的发展历程。特别是十一届三中全会以来，中国民航事业无论在航空运输、通用航空、机群更新、机场建设、航线布局、航行保障、飞行安全、人才培训等方面都持续快速发展，取得了举世瞩目的成就。

新中国民航发展主要经历了四个阶段。

1. 初创阶段（1949～1978年）

1949年11月9日，在中国香港的原中国航空公司、中央航空公司总经理刘敬宜和陈卓林率两公司在香港的员工光荣起义，并率领12架飞机飞回北京和天津。两航起义是中国共产党领导下的一次成功的爱国主义革命斗争，为新中国的民航建设提供了一定的物质和技术力量。

1950年，新中国民航初创时，仅有30多架小型飞机、12条短程航线，年旅客运输量仅1万人，运输总周转量仅157万吨千米。中国1950年7月开辟三条从国内飞往苏联的国际航线。1950年8月开辟了两条国内固定航线。

1951年12月，开辟第一条地方航线。到1978年，共开辟了162条航线。航空业务从邮局收寄航空邮件、喷洒药剂消灭蚊蝇到开创航空护林、森林资源普查和航空磁测探矿，航空服务范围有所扩大。

与此同时，飞机数量和种类不断增加，最初只有12架小型飞机以及向苏联订购的飞机，后来陆续从英国订购子爵号飞机和三叉戟型飞机，结束了我国长期以来只使用苏制飞机的状况。1971年和1973年，中国民航从苏联购买了伊尔62型和安24型飞机、从美国订购了10架波音707型飞机。新中国成立至改革开放前的30年里，新建和扩建了一批机场，至1978年改革开放初期，中国民航有162条短程航线，定期航班机场78个，国际航线里程为55342千米，初步形成了能适应当时航空运输需求的机场网络。

这一时期，中国民航以不断扩大双边和多边交往为主要内容的国际交往逐步展开。1958年7月20日，中国正式加入《统一国际航空运输某些规则的公约》。1974年2月15日，中国政府决定承认1944年《国际民航公约》，9月份中国当选国际民航组织理事国。1975年8月20日正式加入《海牙议定书》。1977年9月，中文被国际民航组织作为工作语言。1978年，中国有保留地加入《关于航空器内的犯罪和其他某些行为的公约》。与此同时，中国陆续与法国、日本、前联邦德国等国家签订了双边航空运输协定。

2. 成长阶段（1979～1990年）

20世纪80年代，中国民航业以大量引进欧美先进飞机为主要特点，高起点推动民航业的发展。1980年4月1日，中国民航局决定，航班编号由三位升为四位；从美国订购的波音747SP型飞机加入航班飞行。1984年9月，民航班机通达全国所有省城。从1985年8月开始，中国向欧洲、美国订购的现代化大型客机陆续加入航班飞行，一批国产运输机投入运营，从而使中国民航运力、技术结构发生了重大变化，为20世纪90年代民航业的飞速发展奠定了物质技术基础。同时，机场建设规模也进一步扩大，民航运输量逐步增长，中国民航事业进入了持续快速发展的新阶段。

1978年，全民航只有140架运输飞机，且多数是20世纪50年代或40年代生产制造的苏式飞机，载客量仅20多人或40人，载客量100人以上的中大型飞机只有17架；机场只有78个，仅完成运输总周转量2.99亿吨千米。1980～1990年，民航总周转量年均增长率

18%，民航总周转量达到 24.99 亿吨千米，旅客周转量 230 亿人千米，旅客运输量 1660 万人。

这一阶段，中国民航的航空运输网络逐渐完善，到 1990 年年底，中国民用航空航线达到 437 条，其中国际航线 44 条，地区航线 8 条，连接世界 24 个国家的 97 个城市，中国的航空运输网络初步形成。

3. 起飞阶段（1991~2004 年）

进入 20 世纪 90 年代后，民航业改革进一步深化，对外开放有了新的进展，中国民航客货运输和各项基础设施建设都获得了飞速发展。

（1）民航运输规模的迅速增长，民航业国际地位大大提高　这一阶段，中国民航运输总周转量、旅客运输量和货物运输量年均增长分别达到 18%、16% 和 16%，高出世界平均水平 2 倍多，通用航空的业务年均增长也在 10% 以上。2004 年，民航行业完成运输总周转量 230 亿吨千米、旅客运输量 1.2 亿人次，上升到世界第三位。

（2）飞机、机场、配套设施建设成就显著　民航机队规模不断扩大，截止到 2004 年年底，中国民航拥有各类运输飞机 754 架，其中大中型飞机 680 架，均为世界上最先进的飞机。中国民航的整体实力和国际地位显著提升。2004 年 10 月 2 日，在国际民航组织第 35 届大会上，中国首次以高票当选该组织一类理事国。

（3）航线网络迅速扩展　到 2004 年年底，中国 28 家航空公司（其中全货运航空公司 4 家），经营着定期航班航线 1200 条，其中国内航线（包括香港、澳门航线）975 条，国际航线 225 条，中国大陆民航定期航班通航机场 133 个，形成了以北京、上海、广州机场为中心，以省会城市、旅游城市机场为枢纽，其他城市机场为支干，联结国内 127 个城市，联结 38 个国家 80 个城市的航空运输网络。

4. 高速发展阶段（2005~2018 年）

2004 年，民营资本开始进入航空市场。2005 年 1 月和 8 月，中国民航局颁布了两部民航规章《公共航空运输企业经营许可规定》《国内投资民用航空业规定（试行）》，规定放宽了民航业的投资准入及投资范围，激发了民营资本投资民航业的热情，民营航空公司如雨后春笋般不断涌现。从 2004 年到 2005 年年底的两年间，中国共注册了 14 家民营航空公司，促使中国民航事业又跃上一个新台阶。

从 2005 年到 2008 年，中国民航业持续快速增长。截至 2008 年年底，中国共拥有民用运输飞机数量 1259 架，比 2004 年净增 505 架，相当于 1995~2004 年 10 年间的飞机净增数量。截至 2008 年年底，中国具有独立法人资格的运输航空公司 41 家，开辟的定期航线总数 1532 条，其中，国内航线 1235 条（其中至香港、澳门航线 49 条），通航全国内地 150 个城市；国际航线 297 条，通航 46 个国家的 104 个城市，形成了国内四通八达、国际联结世界主要国家和地区的航空运输网络。

2013 年，中国大陆民用航空定期航班通航机场 190 个，通航城市达 188 个。

新中国民航 60 多年的发展历程证明：不断深化改革，扩大开放，是加快民航发展的必由之路。

截至 2017 年年底，全行业累计完成运输总周转量 1083 亿吨千米、旅客运输量 5.5 亿人次、货邮运输量 705.9 万吨，分别是 1978 年的 362 倍、239 倍和 110 倍，旅客运输量在国家综合交通体系中的比重已经从 1978 年的 1.6% 上升到 2017 年的 29%。

近年来，全球最大的空客 A380 双层客机、波音 747-8 客机相继进入中国的航空公司服役。随后，更经济更现代化的波音 787 客机、空客 A350XWB 相继加入中国航空公司机队。发展至今，中国民航运输总周转量连续 14 年位居世界第二。

同时，中国民航基础设施和设备获得极大改善，全行业运输机队规模达到 3588 架；2018 年年底，国内拥有颁证运输机场数量为 234 个，比 1978 年增加 156 个。首都机场旅客吞吐量已突破 1 亿人次，连续 9 年位居全球第二。机场和空中交通管制设施、设备的现代化水平大幅度提高。中国将实现从民航大国向民航强国的转变，让航空创新帮助中国民航飞得更高、更远、更安全。

展望未来，民航作为一个整体系统在结构上和运营上要继续适应全球一体化的要求，不断地改进和发展，继续降低价格，保证旅客的舒适安全，拓展更丰富的特色服务，减少各种限制，保护环境，民航将迎来一个更加繁荣昌盛的阶段。

思考与练习

1. 简述新中国民航发展的历史。
2. 简述民用航空的分类。

第二章

机场系统

知识目标

了解机场系统的组成；理解机场飞行区的跑道、滑行道和机坪系统的组成和主要功能；掌握不同标准机场的分类和等级划分。

技能目标

理解国外和我国机场的管理模式的差异。

第一节
机场系统的组成

一、民航机场

机场是民用航空和整个社会的结合点，机场也是一个地区的公众服务设施。主要为航空运输服务的机场称为航空港或简称空港。

国际民航组织对机场的定义为：供航空器起飞降落和地面活动而划定的一块地域或水域，包括域内的各种建筑物和设备装置。

《中华人民共和国民用航空法》对机场的定义为："机场是指专供民用航空器起飞、降落、滑行、停放及进行其他活动使用的划定区域（包括附属的建筑物、装置和设施）。"

民用运输机场的基本功能是为飞机的运行服务，为旅客、货物及邮件的运输服务以及其他方面的服务。

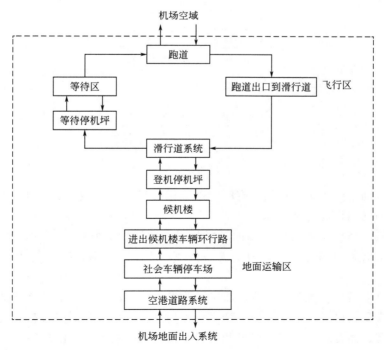

图 2-1 机场系统的组成

二、机场系统

机场系统的组成可分为空侧（airside）和陆侧（landside）两部分，如图2-1所示。

空侧（又称对空面或向空面）是受机场当局控制的区域，包括飞行区、站坪及相邻地区和建筑物，进入该区域是受控制的。

陆侧是为航空运输提供各种服务的区域，是公众能自由进出的场所和建筑物。航站楼是这两部分的分界处。

机场系统也可分为空域和地域，空域即为航站区空域，地域由飞行区、航站区和进出机场的地面交通组成。

第二节
机场的分类和等级

一、机场的分类

1. 按机场用途划分

按用途划分，机场分为军用机场和民用机场两大类，民用机场按其功能又可分为定期航班机场（又称航空港）和通用航空机场。定期航班机场是指用于商业性航空运输，亦即具有定期客货运输航班服务机场；通用航空机场则是指主要用于农业、林业、地质、搜救、医疗等特定航空运输服务的机场，也包括用于飞行学习、企业或私人自用的机场。具体分类如图2-2所示。

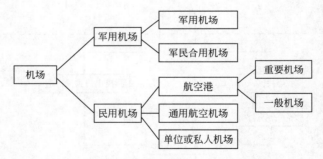

图 2-2　按机场用途划分的机场分类

（1）军用机场　用于军事目的，有时也部分用于民用航空或军民合用。但从长远来看，军用机场将会和民用机场完全分离。

（2）航空港　是指从事民航运输的各类机场。在中国通常把大型的民用机场称为航空港，小型的民用机场则称为航站，为了统一称呼，按国际通例，把商业性航空机场统称为机场。

（3）通用航空机场　主要用于通用航空，为专业航空的小型飞机或直升机服务。

（4）单位或私人机场　是指除民航和军用机场外，属单位和部门所有的机场，如飞机制造厂的试飞机场、体育运动的专用机场和飞行学校的训练机场等。国外还有大量的机场，服务于私人飞机或企业的公务飞机，这种机场一般只有简易的跑道和起降设备，规模普遍很小，但数量很大。

2. 按航线性质划分

按航线性质可将机场划分为国际航线机场和国内航线机场。

（1）国际航线机场　有国际航班进出，并设有海关、边防检查（移民检查）、卫生检疫和动植物检疫等政府联检机构。

（2）国内航线机场　是专供国内航班使用的机场。我国的国内航线机场包括了地区航线机场。地区航线机场是指我国内地城市与我国香港、澳门等地区之间的航班飞行使用的机场，并设有类似国际机场的联检机构。

3. 按服务航线和规模划分

按航线和规模可将机场划分为枢纽机场、干线机场、支线机场。枢纽机场往往是连接国际国内航线密集的大型机场，如北京首都机场、上海浦东机场、上海虹桥机场、广州白云机场等国际机场；干线机场是以国内航线为主、空运量较为集中的大中型机场，主要是各省会或自治区首府、重要工业及旅游开放城市的机场；支线机场一般是规模较小的地方机场，以地方航线或短途支线为主，如比较偏远地区的城市机场。

4. 按飞机的起降状况划分

按旅客乘机目的地可将机场划分为始发/终点机场、经停机场、中转机场及备降机场。

（1）始发/终点机场　是指运行航线的始发机场和目的机场，如北京至哈尔滨航线上的北京首都机场（始发机场）和哈尔滨太平机场（终点机场）。

（2）经停机场　是指某航线航班中间经停的机场，如北京经停武汉至广州的航线，武汉天河机场为经停机场，在这里航班降落，供在武汉的旅客登机前往广州。

（3）中转机场　是指旅客乘坐飞机抵达此处时需要下机换乘另一航班前往目的地的机场，如从南京乘机飞往拉萨，必须在成都双流机场中转，转乘成都至拉萨航班。此时，成都双流机场为中转机场。

（4）备降机场　如遇天气情况或机上发生紧急情况，飞机会选择最近的机场降落，此类机场称为备降机场。

5. 按机场所在城市的性质、地位划分

按机场所在城市的性质、地位可将机场分为Ⅰ类机场、Ⅱ类机场、Ⅲ类机场、Ⅳ类机场。

（1）Ⅰ类机场　是全国经济、政治、文化大城市的机场，是全国航空运输网络和国际航线的枢纽，运输业务繁忙，除承担直达客货运输外，还具有中转功能。

（2）Ⅱ类机场　是省会、自治区首府、直辖市和重要的经济特区、开放城市和旅游城市，或经济发达、人口密集城市机场，可以建立跨省、跨区域的国内航线，是区域或省区内民航运输的枢纽，有的可开辟少量国际航线，亦称为干线机场。

（3）Ⅲ类机场　是国内经济比较发达的中小城市，或一般的对外开放和旅游城市的机场，除区域和省区内支线外，可与少量跨省区中心城市建立航线，故也称为次干线机场。

（4）Ⅳ类机场　是省、自治区内经济比较发达的中小城市和旅游城市，或经济欠发达、地面交通不便城市的机场，航线主要是在本省区内或连接邻近省区。这类机场也称为支线机场。

6. 英国机场的分类

（1）Gateway International Airports（国际机场）频繁地服务于长距离的国际航班。

（2）Regional Airports（区域机场）短途的定期、国内航班，特别是服务于国内腹地的需求。

（3）Local Airports（内地机场）主要是指包机以及国内穿梭式的服务。

（4）General Aviation Aerodromes（通用航空机场）通用航空及休闲运动用机场。

7. 美国机场的分类

（1）Commercial Service Primary Airports（主要的商业服务机场）这种机场定期服务，年登机人数等于或超过美国所有商业服务机场的登机人数的 0.01%。

（2）Other Commercial Service Airports（其他的商业服务机场）这种机场定期服务，年登机人数小于美国所有商业服务机场的登机人数的 0.01%。

（3）Reliever Airport（第二机场）为缓解商业机场的拥挤，提供较远的作为支线机场服务的机场。

（4）General Aviation Airport（通用航空机场）为通用航空及休闲运动用机场。

二、机场的等级

1. 飞行区等级

跑道的性能及相应的设施决定了什么等级的飞机可以使用这个机场，机场按这种能力的分类，称为飞行区等级。

飞行区等级用两个部分组成的编码来表示。第一部分是数字，表示飞机性能所对应的跑道性能和障碍物的限制；第二部分是字母，表示飞机的尺寸所要求的跑道和滑行道的宽度。

对于跑道来说，飞行区等级的第一位数字表示所需要的飞行场地长度，第二位的字母表示相应飞机的最大翼展和最大轮距宽度，相应的数据见表 2-1。

表 2-1　飞行区等级代码

飞行区指标 I		飞行区指标 II		
数字	飞机基准飞行场地长度/米	字母	翼展/米	主起落架外轮外侧边间距/米
1	<800	A	<15	<4.5
2	800～<1200	B	15～<24	4.5～<6
3	1200～<1800	C	24～<36	6～<9
4	≥1800	D	36～<52	9～<14
		E	52～<65	9～<14
		F	65～<80	14～<16

注：飞机基准飞行场地长度是指该飞机以规定的最大起飞质量，在海平面、标准大气条件、无风和跑道纵坡为零条件下起飞所需的最小飞行场地长度，飞行区指标 II 按使用该机场飞行区的各类飞机中最大翼展或最大主起落架外轮外侧边间距，两者取其较高等级。

目前国内有北京首都国际机场、上海浦东国际机场和广州白云国际机场等在内的 19 个机场拥有 4F 级跑道可以满足 A380 等大型飞机的起降要求。国际机场飞行区等级均要求达到 4E 级以上。其他大部分开放机场飞行区等级均在 4D 级以上。

2.跑道导航设施等级

跑道导航设施等级按配置的导航设施能提供飞机以何种进近程序飞行来划分。

（1）非仪表跑道 供飞机用目视进近程序飞行的跑道，代码为 V。

（2）仪表跑道 供飞机用仪表进近程序飞行的跑道，可分为：

① 非精密进近跑道 能足以对直接进近提供方向性引导，代码为 NP。

② Ⅰ类精密进近跑道 能供飞机在决断高度低至 60 米和跑道视程低至 800 米时着陆的仪表跑道，代码为 CATⅠ。

③ Ⅱ类精密进近跑道 能供飞机在决断高度低至 30 米和跑道视程低至 400 米时着陆的仪表跑道，代码为 CATⅡ。

④ Ⅲ类精密进近跑道 可引导飞机直至跑道，并沿道面着陆及滑跑，代码为 CATⅢ。根据对目视助航设备的需要程度又可以分为三类，分别以 CATⅢA、CATⅢB 和 CATⅢC 为代字。

3.航站业务量规模等级

按照航站的年旅客吞吐量或货物（及邮件）运输吞吐量来划分机场等级（如表 2-2 所示）。业务量的大小与航站规模及其设施有关，也反映了机场的繁忙程度和经济效益。

表 2-2 航站业务量规模分级标准

机场类别	标准：年旅客吞吐量
Ⅰ类	旅客客流量 1000 万人次及以上
Ⅱ类	旅客客流量 500 万～1000 万人次，包括不足 500 万人次旅客客流量的区域枢纽机场
Ⅲ类	旅客客流量 100 万～500 万人次，包括不足 100 万人次旅客客流量的直辖市/省会机场
Ⅳ类	旅客流量 50 万～100 万人次
Ⅴ类	旅客流量 10 万～50 万人次
Ⅵ类	旅客流量 10 万人次以下

4.民航运输机场规划等级

以上三种划分等级的标准，是从不同的侧面反映了机场的状态，能接收机型的大小、保证飞行安全和航班正常率的导航设施的完善程度、客货运量的大小。在综合上述三个标准的基础上，提出了一种按民航运输机场规划分级的方案，如表 2-3 所示。当三项等级不属于同一级别时，可根据机场的发展和当前的具体情况，确定机场规划等级。

表 2-3 民航运输机场规划等级

机场规划等级	飞行区等级	跑道导航设施等级	航站业务量规模等级
四级	3B、2C 及以下	V、NP	小型
三级	3C、3D	NP、CATⅠ	中小型
二级	4C	CATⅠ	中型
一级	4D、4E	CATⅠ、CATⅡ	大型
特级	4E 及以上	CATⅡ 及以上	特大型

第三节
飞行区的构成及功能

机场的地域主要由飞行区、航站区和进出机场的地面交通系统组成。航站区的主要设施将在第三章介绍，进出机场的地面交通将在第四章第一节介绍。

机场飞行区是飞机运行的区域，主要用于飞机的起飞、着陆和滑行，它分为空中部分和地面部分。空中部分指机场空域，包括飞机进场和离场的航路；地面部分包括跑道、滑行道、停机坪和登机门以及为飞机维修和空中交通管制服务的设施和场地，如机库、塔台、救援中心等。

一、跑道

跑道是机场的主体工程，是指机场内供飞机着陆和起飞用的一块划定的长方形区域。跑道系统由结构道面、道肩、防吹坪和跑道安全地带组成。它们与起飞及着陆有直接关系，构成了起飞着陆区。跑道的基本参数有：

1. 跑道的方位和数量

跑道的方位即跑道的走向，跑道的方位应尽量与当地常年主导风向一致。跑道的数目取决于机场航空运输量的大小，运输不繁忙，且常年主导风向相对集中的机场，一般只需要单条跑道即可满足航空运输的需求。

2. 跑道的长度

跑道的长度是机场的关键参数，是机场规模的重要标志，它直接与飞机起降安全有关。设计跑道长度主要取决于所能允许使用的最大飞机的起降距离、海拔高度及温度。海拔高度高，空气稀薄，地面温度高，发动机功率下降，因而就需要加长跑道。

3. 跑道的坡度

跑道纵向一般是没有坡度的，这主要是为了保证飞机起飞、着陆和滑跑时的安全。跑道横向应有坡度，且尽量采用双面坡，以便加速道面的排水。当采用双面坡时，中心线两侧道面要有良好的平整度，使飞机在高速滑跑时不产生颠簸，否则乘客将感觉不舒服，且妨碍驾驶员对飞机的操控，还会造成雨后积水，引起飞机"飘滑"。

此外，跑道的基本参数还包括跑道的强度及道面等。

二、滑行道

滑行道的作用是连接飞行区各个部分的飞机运行通路，它从机坪开始连接跑道两端。在交通繁忙的跑道中段设有一个或几个跑道出口与滑行道相连，以便降落的飞机迅速离开跑道。

滑行道也提供了飞机由航站区进入跑道的通道；滑行道还可使性质不同的各功能分区（飞行区、航站区等）连接起来。

滑行道系统主要包括：主滑行道、进出滑行道、飞机机位滑行通道、机坪滑行道、辅助滑行道、滑行道道肩及滑行带。

滑行道的宽度由使用机场的最大飞机的轮距宽度决定，要保证飞机在滑行道中心线上滑行时，它的主起落轮的外侧距滑行道边线不少于 1.5～4.5 米，在滑行道转弯处，它的宽度要根据飞机的性能适当加宽。

滑行道的强度要和配套使用的跑道强度相等或更高，因为在滑行道上飞机运行密度通常要高于跑道，而且飞机的总重量在低速运动时的压力也会比在跑道上略高。

滑行道在和跑道端的接口附近有等待区。地面上有标志线标出，这个区域用于飞机在进入跑道前等待许可指令。等待区与跑道端线保持一定的距离，以防止等待飞机的任何部分进入跑道而成为起飞飞机运行的障碍物或产生无线电干扰。

三、停机坪

停机坪是飞机停放和旅客登机下机的地方，可以分为登机坪和停机坪。飞机在登机坪进行装卸货物、邮件以及加油、上下旅客等；在停机坪过夜、维修和长时间停放。停机坪上设有供飞机停放而划定的位置，简称机位。停机坪的面积要足够大，以保证进行上述活动车辆和人员的行动不受干扰。按照规定，停机坪上用油漆标出运行线，使飞机按照标出的线路进出滑行道。

四、飞行区的设施

飞行区的主要设施有：机场导航设施、机场地面灯光系统、机场跑道标志等，它们组成了一个完整系统，保证飞机的安全着陆。

1. 机场导航设施

实践证明，进近和着陆阶段是飞行事故发生最多的阶段，机场导航设施也称为终端导航设施，其作用是引导到达机场附近的每架飞机安全、准确地进近和着陆。

机场导航设备分为非精密进近设备和精密进近设备。非精密进近设备通常是指装置机场的 VOB-DME 台、NDB 台及机场监视雷达，作为导航系统的一部分，它们把飞机引导至跑道平面，但不能提供在高度方向上的引导。精密进近设备则能给出准备的水平引导和垂直引导，使飞机穿过云层，在较低的能见度和云底高下，准确地降落在跑道上。目前使用最广泛的精密进近系统是仪表着陆系统，还有部分使用的是精密进近雷达系统以及正在发展并将最终取代仪表着陆系统的卫星导航系统。

2. 机场地面灯光系统

地面灯光系统主要用于飞机在夜间飞行时的助航。目前的机场助航灯光系统一般分为进近、着陆、滑行道三类。

（1）进近灯光系统

① 进近中线灯 安装在跑道中线上的一个固定灯标，其颜色为可变白色。

② 进近横排灯 在跑道入口 300 米处设置横排灯，灯光颜色为可变白色。

③ 进近旁线灯 2、3 类精密进近跑道一般都安装旁线灯，灯光的颜色为红色。

目视进近坡度指示灯：该指示灯由多组成对灯组组成，一般分为筒式、三排式或 T 式三种。种类不同灯组数量也不同，安装的位置也有所区别。

进近灯标：在跑道中线延长线上距跑道入口 300～900 米处设置进近闪光灯标。进近灯标颜色为白色闪光，但在跑道低仰角部分一般予以遮蔽，使飞行员在向进近灯标的方向起飞时，只能在离地以后才能看到灯光。

（2）着陆灯光系统

① 跑道边线灯　跑道边线灯必须沿跑道全长安装于与跑道中线等距平行的跑道两边边缘直线上，或在跑道边缘以外不超过 3 米处安装，灯光的颜色为可变白色。

② 跑道入口灯　安装于跑道末端或靠近跑道末端外不大于 3 米处，灯光颜色为绿色。跑道入口灯必须垂直于跑道轴线。

③ 跑道端线灯　凡装有跑道边线灯的跑道必须安装端线灯。如跑道入口灯安装在跑道端时，就可兼作跑道端线灯。灯光的颜色为红色。

④ 跑道中线灯　一般 2、3 类精密进近跑道必须安装跑道中线灯。

⑤ 跑道接地地带灯　所有 2、3 类精密进近跑道的接地地带，都必须设置接地地带灯，灯光颜色为可变白色。

（3）滑行道灯光系统

① 滑行道中线灯　在滑行道上，设置滑行道中线灯，灯光的颜色一般是绿色，间距一般小于 60 米。

② 滑行道边线灯　安装于滑行道两侧的边缘或距边缘不大于 3 米处。滑行道边线灯颜色为蓝色。无论滑行道直线部分或弯道上的灯距都应小于 60 米，使其能明显地把弯道位置显示出来。

3. 机场跑道标志

各种跑道标志通常为白色。跑道标志一般用无空隙的整块组成，也可以由能够提供等量效果的一系列纵向线条组成。跑道标志通常采用适当品种的油漆，以尽可能减少标志引起的不均匀摩擦特性的危险。

各种滑行道标志、跑道掉头坪标志和飞机机位标志一般为黄色。

机坪安全线的颜色通常比较鲜明，并与飞机机位标志的颜色反差良好。

在夜间运行的机场内，用反光材料涂刷铺筑面标志，以增强其可见性。

在两条跑道相交处，通常显示较重要的那条跑道的标志，另一跑道的所有标志一般予以中断。跑道重要性的顺序为：精密进近跑道＞非精密进近跑道＞非仪表跑道。

在跑道与滑行道相交处，一般显示跑道的各种标志（跑道边线除外），而滑行道的各种标志均予以中断。

第四节
机场的管理模式

一、机场的所有权形式

纵观世界机场，其所有权形式主要有以下几种。

1. 国家所有并由政府控制

全世界大多数国家采用的是这种模式，通常是由运输部所属的有时是国防部所属的民用航空部门经营全国的所有或大部分机场，同时也负责提供空中交通管制服务或气象服务。这种类型的所有制形式大都是第三世界国家，但一些发达国家也是如此，例如加拿大、希腊、瑞典和挪威等国。

还有属地化（地方政府）所有权。例如，美国的洛杉矶、亚特兰大等机场属所在的市、郡政府所有，并由地方政府组建机场管理局（委员会）进行运营管理。

2. 通过机场当局管理的公共所有权

有些国家的政府和市政府虽然保留对机场的所有权，但觉得如果机场拥有更多的自主权，经营管理就会更有效。这样做的目的是设立更加专业的管理机构来完成长期的计划和投资，政府只是在宏观决策行使所有人的权利。这些国家有以色列、泰国和墨西哥等国。有些国家或地区则建立区域性机场当局，如法国的巴黎地区机场当局和美国阿拉斯加和夏威夷等四州。

3. 公共和私有所有权混合

国外有些机场由机场当局或公司经营管理但所有权既有公共的也有私人的，例如，意大利的一些大机场。美国则有些地方机场是公共所有权但机场候机楼为私营公司所有并经营。

4. 私人所有权

完全私人所有的机场无论是数目和规模上都有限，一般限于小机场。在美国，这类机场在通用航空和航空俱乐部中比较流行。

私人所有权机场一个大的突破是英国 20 世纪 80 年代末期的私有化，英国伦敦西斯罗机场就通过股票上市而私有化，是机场私有化的一个典型代表。

二、我国机场的管理模式

改革开放以前，我国民用机场管理模式十分单一，完全由中央政府集中管理。改革开放以来，由于地方政府积极参与机场建设，单一管理模式被打破。

1. 以所有者和管理机构相结合作为我国机场管理模式划分的依据

包括以下几类。

（1）中央政府直接管理　2002 年属地化改革时，国家保留了首都机场、西藏自治区境内机场的所有权，由民航局、中国民用航空西藏自治区管理局管理。这种管理模式体现了机场对于国家政治稳定的重要意义，经营管理过程更多地反映了国家政府的意志。

（2）地方政府直接管理　由于国内大多为中小城市机场，规模较小，但是在服务地区经济发展和居民出行方面发挥着不可或缺的作用，地方政府就承担起机场管理的责任，并成立专门的部门。

这部分机场建设时全部由地方投资（有的机场国家给予少量补助）。机场建成后归地方政府管理。主要有厦门、珠海、深圳、三亚以及一些小型机场。上海虹桥机场建成后划归上海市政府管理。

（3）地方政府委托管理　地方政府拥有是属地化改革后我国机场的主要特征，不同地方政府对于机场的管理采取不同的方式，其中委托代理是普遍的方式。这种方式下政府将经营管理权交由三种委托对象：机场集团公司（首都机场集团、省机场集团、西部机场集团等）、机场管理公司、航空运输企业（海航、深航等）。

（4）混合所有委托管理　混合所有是伴随市场经济发展我国机场呈现的新特征，尤其是放宽了民营资本进入机场业之后。我国机场通过上市、引进民资、引进外资等方式实现了投资主体和股权多元化，拓展了机场的资金来源，拓宽了机场的发展空间。

2．从机场运营管理架构的角度为划分依据

从机场运营管理架构的角度，机场运营管理模式可以总结为以下六种：

（1）省（市、区）机场集团模式　这是一种以省会机场为核心机场，以省内其他机场为成员机场的机场集团组织架构。即进行机场属地化管理，其中分为两种情况，第一种是成立了省（区、市）机场管理集团公司或管理公司，并由机场公司统一管理区域内的所有机场，如上海、天津、海南；第二种是成立了省（区、市）机场管理集团公司或机场管理公司，但机场公司只管理区域内部分而不是全部机场，如重庆、广东、四川。

（2）跨省机场集团模式　这是一种超越省机场管理集团的运营管理架构，是由几个省的机场管理集团通过资产重组，组建为一个跨省的机场集团。目前，首都机场集团收购、托管、参股的机场，分布于10个省（市、区），成员机场达到35家；西部机场集团管理了4个省（自治区）的11家机场。

（3）省会机场公司模式　这是一种在没有以省为单位成立机场管理集团的情况下，省政府只负责管理省会机场，其他机场由所在地市政府管理的模式，如江苏、山东、浙江。目前，有三个省会机场由省政府管理，省内其他机场则由所在地市政府管理。

（4）市属机场公司模式　即机场由所在地市政府管理，如深圳、厦门、无锡、南通、绵阳、南充、攀枝花、宜宾、泸州、万州。目前，共有31家机场由所在地市政府管理。

（5）航空公司管理模式　目前，有14家机场分别由4家航空公司直接或间接管理，海航集团管理了甘肃机场集团（兰州、敦煌、嘉峪关、庆阳机场，不包括天水机场）和海口、三亚、东营、宜昌、安庆、满洲里、潍坊等11个机场，深圳航空公司管理常州机场，南方航空公司管理南阳机场，厦门航空公司管理武夷山机场。这14个机场中，除海口、三亚和兰州机场外，其他11个都是小型机场。

这种模式的代表为海航集团管理的机场。

（6）委托管理模式　有两种情况，一是内地机场委托内地机场进行管理，如黑龙江和内蒙古机场集团委托首都机场管理；二是内地机场委托港资管理，仅有珠海机场一家。

思考与练习

1．简述机场系统的组成。

2．跑道的基本参数有哪些？

3．机场是如何分类的？

4．机场的等级是如何划分的？

5．世界上机场的所有权形式有哪些？

6．谈谈目前我国机场的管理模式。

第三章

航站楼管理及流程

 学习目标

知识目标

了解航站楼的主要设施和功能；明确航站楼的水平布局和纵向布局的种类。

技能目标

掌握国内、国际出港航班的旅客服务流程；掌握国内、国际进港航班的旅客服务流程；掌握旅客中转的服务流程。

第一节
航站楼的功能、设施及布局

每个城市都有自己的标志性建筑，人们常把它们形象地称为"城市名片"。而机场，特别是旅客进出机场的航站楼（候机楼）是机场的标志性建筑，是国际、国内重要的交流窗口，因此，航站楼也是城市的窗口和象征。对进出港旅客来说，它也是代表某个国家或城市的标志性建筑之一，因而航站楼的设计在某种程度上来说，可以显示该地区的特点。我国20世纪80年代之前的航站楼的内部功能设施大部分已经陈旧。而目前我国航站楼除了外观以外，更多的是强化其服务功能，使进出港旅客享受到全方位的照顾，有一种宾至如归的感觉。

一、航站楼的主要功能和设计原则

航站楼是为航空旅客提供地面服务的主要建筑物，又称候机楼，通常根据跑道和通往城市公路的布局而设置在航空港内比较适中的地点。其基本功能是：保证出发、到达和中转的旅客能迅速而有秩序地登上飞机或离开机场，同时为旅客或迎送亲友的客人提供候机和休息等场所。

航站楼的规划设计在技术上应注意以下原则。

（1）确定合理的规模和总体布局概念（集中式或单元式），以便航站楼设施与当前以及不远的将来的客运量相适应。

（2）选择合理的构型，便于空侧与飞机、陆侧与地面交通进行良好地衔接，并具有未来扩建的灵活性和扩建时尽可能较低程度地影响航站楼运营。

（3）航站楼设施要先进，流程要合理，流程应简捷、明确、流畅，不同类型的流程有良好的分隔，各控制点设施容量均衡协调，使旅客、行李的处理迅速、准确。

（4）航站楼结构与功能要协调，内部较大的营运区应具有可隔断性，以适应灵活多变的布局，便于各种建筑设备的布置与安装。

（5）适应商业化趋势，提供多方面、多层次的旅客消费、休闲、业务等服务设施。

（6）处理好与停机坪、地面交通运输方式的布局关系以及楼内各项设施的单元协调的布局。

航站楼设计最重要的原则应是以人为本，重视流程设计。国外航站楼的设计都在航站楼内部工艺流程设计上坚持以人为本，以旅客需求为核心，以方便旅客为原则，充分体现了顾

客就是上帝的市场经济准则。如旅客在挪威奥斯陆机场航站楼内的任一层内任一位置，都可以在5分钟内登上赴市区的高速列车。又如香港新机场航站楼内，醒目的流程标志牌使得每一位第一次乘坐飞机的旅客都能轻易地按照指示牌的指示办好各种手续。

经过多年的探索和建设，中国机场航站楼建设和管理的整体水平有了很大提高，不论是航站楼的设计概念还是设计水平都有了很大的提高。如北京首都、上海浦东、杭州萧山等机场的航站楼均采用大跨度钢屋架结构、预应力高强度混凝土，外形各具特色，楼内柱间距大大增加，空间宽阔，流程通畅。大面积玻璃幕墙和半透明屋面的广泛使用使得室内自然采光好、明亮，内外景相互交融，缩短了旅客与飞机间的距离，候机环境优美、舒适，同时也节约了能源。

同时，航站楼内的设施设备逐步现代化，工艺流程更趋合理。在已建成和正在建设的旅客航站楼中，值机柜台、安检通道、航班显示、监控、广播、计算机信息管理、旅客离港、系统集成、楼宇自控、行李自动传输与分拣、水平步道、自动扶梯、旅客登机桥等较先进的设施设备日益完善，提高了航站楼内设施设备的现代化程度。

扩展阅读

1. 北京首都国际机场3号航站楼

北京首都国际机场3号航站楼主楼由荷兰机场顾问公司（NACO）、英国诺曼·福斯特建筑事务所负责设计。2000年6月，中国民用航空总局开始进行北京首都国际机场中远期规划研究。2004年3月26日，3号航站楼完成施工及监理招标，正式签订了施工和监理合同，首都机场开始三期扩建工程。扩建工程于2007年年底全面竣工，2008年2月试运行，确保了2008年奥运会之前投入正常运营。

3号航站楼由主楼和国内候机廊、国际候机廊组成，配备了自动处理和高速传输的行李系统、快捷的旅客捷运系统以及信息系统，总建筑面积98.6万平方米。3号航站楼投入使用后，首都机场滑行道由71条增为137条，停机位由164个增为314个。新建一条长3800米、宽60米的跑道，满足了F类飞机的使用要求。安装了世界上最先进的三类精密自动飞机引导系统，这是我国目前最先进的起降导航系统，在很低的能见度下仍可实现飞机起降。世界上最大的飞机空中客车A380能够顺利起降。此外，还新建了北货运区，相应配套了建设场内交通系统，以及供水、供电、供气、供油、通导、航空公司基地等设施。

预计到2015年，3号航站楼每年的旅客吞吐量将达6300万人次；该航站楼启用后，首都机场旅客吞吐的设计总量将达到8200万人次，这将大大缓解首都机场资源紧张的现状。

3号航站楼引入了国际上最先进的五级安检模式，确保交运行李更严格、更安全。旅客的行李如有问题，将被送至登机口进行开包检查。3号航站楼值机柜台停止办理手续的时间，较1号、2号航站楼有所提前，国内值机柜台将于飞机起飞前45分钟关闭，国际值机柜台将于飞机起飞前60分钟关闭，各航空公司会略有不同。

3号航站楼的清明上河图、长城万里图巨型屏风和仿浑天仪的《紫微辰恒》雕塑让人品味五千年的中国历史；《门海吉祥》的4口大缸和汉白玉制作的《九龙献瑞》成为标志性景观。

2. 世界最大空港北京大兴国际机场

北京新机场最早规划于 2000 年,当时北京首都国际机场尚能满足需求,因此大兴国际机场的建设并未被提上日程。2008 年,随着北京奥运会的举办,首都机场 3 号航站楼投入使用,旅客需求得到了一定缓解,新机场暂时被搁置。2010 年后,首都机场客流量迅速上升,2014 年达到 8365 万人次,稳居世界第二,航班趋于饱和,新机场的建设已经迫在眉睫。2014 年 12 月 15 日,国家发改委批准北京建设新机场项目。2014 年 12 月 26 日,北京新机场工程举行开工典礼,开工区域为机场西一、西二跑道北端。2015 年全面开工,2019 年 6 月 30 日机场竣工验收,并于 2019 年 7 月 1 日开始试运转。2019 年 9 月 25 日,北京大兴国际机场投入运营。

大兴机场位于北京南中轴线上,与北京市区、雄安、天津的距离基本相当,属于北京大兴区和河北廊坊市之间的一个超大型国际级航空枢纽,全部建成将一跃成为世界上最大的航空港。机场内规划设计的有 7 条跑道,预计到 2040 年客流量可达到 1 亿人次、飞机起降 80 万架次、航站楼面积达到 140 万平方米。到 2050 年时,机场将所有预留控制用地都完全建设,预计旅客吞吐量可达 1.3 亿人次、飞机起降为 103 万架次、跑道数量达到 9 条。大兴机场还拥有国内首创双层出发高架桥,地面共有四层:F4 为传统值机层、F3 为国内快速值机层、F2 为国内到港层、F1 为国际到港层;地下共有两层:B1 为轨道交通站厅层、B2 为轨道交通站台层。

大兴机场是全球最大的空地一体化综合交通枢纽,南航作为份额最大的主基地航空公司在大兴机场已经建成亚洲跨度最大机库、亚洲最大运行控制中心和亚洲最大航空食品生产基地,其中 1 号机库,跨度达 405 米,维修大厅高 40 米,可同时容纳 2 架空客 A380、3 架波音 B777 及 3 架窄体机,或同时容纳 12 架空客 A320 系列窄体客机,也是亚洲单体建设规模最大的机库。

《山海经》说:凤凰,见则天下安宁。从空中俯瞰,北京大兴机场犹如一只浴火重生的凤凰,寓意凤凰展翅,与首都机场形成"龙凤呈祥"的双枢纽格局。为了实现超大规模的人员和飞机架次吞吐量,机场采用了放射状六角星布局,五条指廊拥有 82 个登机口,从出发层到登机口最远只有 600 米,旅客从航站楼中心步行到任何一个登机口的时间不超过 8 分钟,设计十分人性化。机场屋顶采用不规则的钢结构,总投影面积达到 36 万平方米,最大直径超过 1.1 公里,抗震设防烈度达到 8 度,也是全球最大的单体隔震建筑。为了实现超强的隔震,整个航站楼使用了 1320 套隔震装置,每个隔震装置直径从 1200 毫米至 1500 毫米不等,还有粘滞阻尼器一百多条。在机场下方,有高铁隧道,这也是世界上第一座高铁下穿的航站楼,届时旅客直接乘坐高铁就能抵达航站楼。为了让阳光洒满整个机场,航站楼的屋顶是一个 18 万平方米的全天窗结构,整个航站楼一共使用了 1.28 万块玻璃,构成了一个自由曲面的屋顶,走进航站楼内部,感觉视野十分开阔。

除了航站楼整体结构规模超大、施工难度大之外,航站楼内的设施也有许多黑科技的身影。比如:具有一定智能技术的机器人接待员,可为旅客提供乘机咨询等服务。托盘自动返回系统可以让安检过程自动化,安检扫描仪可对多位旅客的行李进行扫描,比以往的安检速度快一倍。根据设计,该系统每小时约可处理 3 万件行李,而且能够全程追踪行李的位置,届时将大大缓解北京旅客出行压力。

大兴机场是一座功能复合、连接紧密、高度整合的交通枢纽建筑综合体,工程浩大,堪称现代建筑的奇迹之一。

二、航站楼的基本设施

航站楼是航站区的主体建筑，是一个地区或国家的窗口。它的一侧连着机坪，用以接纳飞机；另一侧又与地面交通系统相联系。旅客在航站楼实现交通方式转换，开始或结束航空旅行，办理各种手续，接受有关检查，然后登机或转入地面交通。航站楼通过各种服务与设施，不断地集散着旅客及其迎送者，其设施应该最大限度地满足使用人员的需求，主要包括以下内容。

1. 车道边

车道边是航站楼陆侧边缘外，在航站楼进出口附近所布置的一条狭长地带，如图3-1所示。其作用是使接送旅客的车辆在航站楼门前能够驶离车道，作短暂停靠，以便上下旅客、搬运行李。旅客较少时，航站楼可只设一条车道边。客流量较大时，可与航站楼主体结构相结合，在不同高度的层次上分设车道边。总之，车道边的长度、层次，应根据航站楼体型、客流量及车型组合等因素来确定。

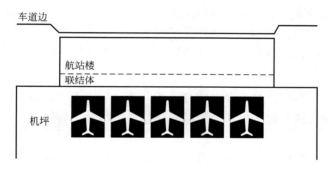

图3-1　航站楼车道边示意

2. 公共大厅

航站楼公共大厅主要用以实现办理乘机手续、交运行李、旅客及迎送者等候以及安排各种公共服务设施等。

作为多数出发旅客的最初目标，值机柜台应一进大厅就能看到。旅客在这里办理登机牌，将行李称重、挂标签、托运。值机柜台和行李传送带的布置通常有三种型式，即正面线型、正面通过式和岛式。值机区域的面积、值机柜台的数量、布置型式，与高峰小时客流量、旅客到达航站楼的时间分布、柜台工作人员办理手续的速度及行李处理设施水平等诸多因素有关。

公共大厅通常还设有问讯柜台、各航空公司售票处、银行、邮政、电信等设施，以及供旅客和迎送者购物、消闲、餐饮的服务区域。

3. 安全检查设施

为确保航空安全，出发旅客登机前必须接受安全检查。安检一般设在值机柜台和候机大厅之间，具体控制点可根据旅客流程类型、旅客人数、安检设备和安检工作人员数量等灵活地布置。安检在选点、确定设施时要根据客流量认真筹划。常用的安检设备有磁感应门（供人通过时检查）、X射线安检机（检查手提行李）（图3-2）以及手持式金属探测器等。

4. 政府联检设施

政府联检设施包括海关、边防和卫生检疫，是国际旅客必须经过的关卡。各国的管制要

图 3-2 X 射线安检机

求和办理次序不尽相同。我国要求的次序是：出发旅客先经海关，再检疫，最后经过边防；到达旅客先经检疫，再经边防，最后经过海关。

为加快客流过关速度，航站楼海关检查通常设绿色、红色两条通道。红色为主动报关通道，绿色为无需报关通道。海关对旅客所携带行李一般也用 X 射线安检机检查。国际旅客进出港必须在边防口交验护照和有关证件。根据国际卫生组织规定，对天花、霍乱等十多种疫情，各国应严密监控，严禁患传染病的旅客入境。旅客入境时要填表并交验证件。

5. 候机室

候机室是出发旅客登机前的集合、休息场所，通常分散设在航站楼机门位附近。考虑到飞机容量的变化，航站楼候机区可采用玻璃墙等作灵活隔断。候机室一般设在二层，以便旅客通过登机桥登机。

目前，我国各大中型航站楼都设有贵宾候机室。贵宾候机室要求环境优雅、舒适，有时还设保安装置。

6. 行李处理设施

航空旅行由于要把旅客和行李分开，使得航空行李处理比其他交通方式要复杂许多。这在一定程度上也使航站楼设计复杂化，因为要配置许多设施才能保证旅客在航站楼内准确、快速、安全地托运或提取行李。进、出港行李流程应严格分开，其具体流程细节如图 3-3 所示。行李的处理，根据航站楼规模和行李吞吐量，可采用同层、二层、三层等方案。

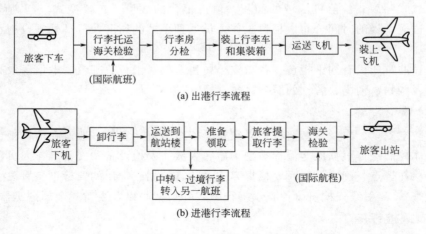

图 3-3 进、出港行李流程

旅客的提取行李装置，按在行李提取层行李输送装置的形状，可分为直线式、长圆盘式、跑道式和圆盘式四种型式。行李提取装置如图 3-4 所示。

图 3-4　旅客提取行李装置

除了必要的输送设备，现在许多先进机场还采用了进、出港行李自动分拣系统，从而大大提高了机场行李处理的速度和准确性。

7. 机械化代步设施

为方便人们在航站楼内的活动，特别是增加旅客在各功能区转换时的舒适感，航站楼常常装设机械化代步设施。常见的机械化代步设备有电梯、自动扶梯、自动人行步道等。自动人行步道运行安全平稳，使用后可大大增加交通量并避免人流拥挤，即使断电停运时，也可作为路面供人行走。图 3-5 是机场航站楼内通往卫星厅的自动人行步道。

图 3-5　航站楼自动人行步道

自动化代步机械的发展，不仅会提高旅客在航站楼内的舒适感，还会对航站楼设计概念的发展和变化造成影响。

8. 登机桥

登机桥是航站楼在空侧与飞机建立联系的设备，它是航站楼门位与飞机舱门的过渡通道。采用登机桥，可使下机、登机的旅客免受天气、飞机噪声、发动机喷气吹袭等因素影响，也便于机场工作人员对出发、到达旅客客流进行组织和疏导。

登机桥是以金属外壳或透明材料做的密封通道，如图 3-6 所示。登机桥本身可水平转动、前后伸缩、高低升降，因此能适应一定的机型和机位变化。登机桥须由专职人员操纵。与机舱门对接后，通常规定桥内通道向上和向下坡度均不能大于10％。

图 3-6　登机桥

9. 商业经营设施

随着航空客运量的迅猛增长，航站楼商业经营设施已成为机场当局创收的一个重要渠道。目前，在全世界商业经营卓有成效的机场，如伦敦希思罗、新加坡樟宜等机场，都有项目完备、规模庞大的航站楼商业经营设施。商业经营收入一般都占到机场总收入的60％以上。航站楼可以开展的商业经营项目繁多，例如免税商场（图3-7）、银行、保险、会议厅、健身厅、娱乐室、影院、书店、理发店、珠宝店、旅馆、广告、餐厅、托幼所等。

图 3-7　航站楼免税商场

10. 旅客信息服务设施

主要指旅客问讯查询系统、航班信息显示系统、广播系统、时钟等。

11. 其他设施

以上所列举的设施都是直接与旅客发生联系的设施。实际上，航站楼的运营还需要其他许多设施，如机场当局、航空公司、公安以及各职能、技术、业务部门的办公、工作用房和众多的设施、设备等。

航站楼是多功能的高级交通公用建筑，目前"智能建筑"的概念已被广泛运用于现代化机场航站楼。智能建筑是利用系统集成方法，将计算机技术、通信技术、信息技术、自动控制技术与建筑艺术有机结合，通过对设备的自动监控、对信息资源的管理和对使用者的信息服务及其与建筑的优化组合，所得到的安全、高效、舒适、便利和灵活的建筑。

三、航站楼的布局

1. 航站楼水平布局

航站楼的水平布局是否合理，对航站楼运营有着至关重要的影响。航站楼水平布局主要根据旅客流量、飞机起降架次、航班类型、机场地面交通等确定。为妥善处理航站楼与空侧的关系，人们曾提出过许多种航站楼水平布局方案。这些方案可归纳为以下四种基本型式。

（1）线型　这是一种最简单的水平布局型式。航站楼空侧边不作任何变形，仍保持直线，飞机机头向内停靠在航站楼旁，旅客通过登机桥上下飞机，如图 3-8 所示。

这类航站楼进深较浅，一般为 20～40 米。在机门位较少时，旅客从楼前车道边步入大厅办理各种手续后步行较短距离即可到达指定门位。客流量增大时，航站楼可向两侧扩展，这样可同时增加航站楼的空侧长度（以安排机门位）和陆侧长度（延长车道边）。但扩建后如机门位较多，必然使旅客的步行距离增加许多。在这种情况下，可以考虑将航站楼分为两个大的功能区，如国际区、国内区。我国大多数机场普遍采用这种水平布局。

（2）指廊型　为了延展航站楼空侧的长度，指廊型布局从航站楼空侧边向外伸出一条或几条指形廊道。机门位沿廊道两侧布置。如图 3-9 所示。

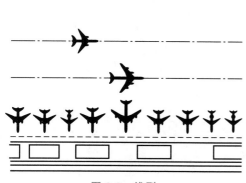

图 3-8　线型

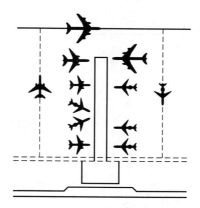

图 3-9　指廊型

这种布局的优点是，进一步扩充门位时，航站楼主体可以不动，而只需扩建作为连接体的指廊。缺点是，当指廊较长时，部分旅客步行距离加大；飞机在指廊间运动时不方便；指廊扩建后，由于航站楼主体未动，陆侧车道边等不好延伸，给交通组织有时造成困难。

通常，一个指廊适合 6～12 个机位，两条指廊适合 8～20 个机位。机位超过 30 个时，宜采用多条指廊。

（3）卫星型　这种布局，是在航站楼主体以外区域的一定范围内，布置一座或多座卫星式建筑物，这些建筑物通过地下、地面或高架廊道与航站楼主体连接。机门位沿卫星建筑物周围布置，飞机环绕在它的周围停放，如图 3-10 所示。

卫星式布局的优点是，可通过卫星建筑的增加来延展航站楼空侧；一个卫星建筑上的多个门位与航站楼主体的距离几乎相同，便于在连接廊道中安装自动步道接送旅客，从而不会因卫星建筑距候机大厅较远而增加旅客步行距离。

最早的卫星建筑都设计成圆形，旨在使卫星建筑周围停放较多数量的飞机。但后来发现，圆形卫星建筑具有一定的局限性。首先是不好扩建，扩建时，要么拆掉旧的，再建一个直径更大的圆形建筑，这显然是不合理也不经济的，要么采用在已有圆形建筑旁附设矩形建筑的作法（图 3-11）。其次，在对圆形建筑旁两架相邻飞机进行地面服务时，往往非常拥挤。图 3-12 是圆形建筑旁和矩形建筑旁对飞机作地面服务时的情况比较。显然，矩形建筑旁的飞机地面服务更好安排，更有秩序。因此，现在许多机场已采用矩形卫星建筑。

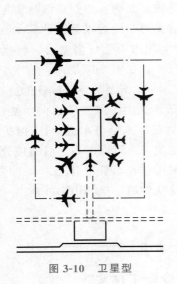

图 3-10　卫星型

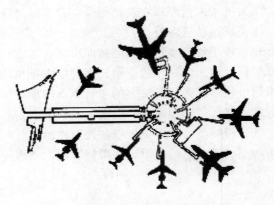

图 3-11　圆形卫星建筑扩建

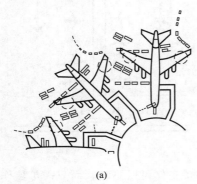

(a)

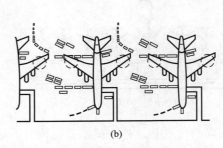

(b)

图 3-12　圆形建筑旁和矩形建筑旁对飞机作地面服务时的情况比较

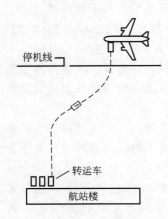

图 3-13　转运车型

（4）转运车型　这种布局型式下，飞机不接近航站楼，而是远停在站坪上，通过转运车接送旅客，建立航站楼与飞机之间的联系，如图 3-13 所示。有的转运车是可以升降的，这样靠近飞机后乘客即可直接登机，而无需动用舷梯车。

这种方案的特点是：航站楼只要设转运车门位即可，因而可降低基建和设备（登机桥等）投资，提高航站楼利用率，增加了对不同机位、机型和航班时间的适应性，以及航站楼扩展方便等。但利用转运车，使旅客登机时间增加，易受气候、天气因素影响，舒适感下降。

实际上，许多机场并非单一地采用上述基本布局或方案，而是采用多种基本型式的组合。关于航站楼水平布局设计概念的演变和组合如图 3-14 所示。显然，水平布局方案有多种选择，设计者必须全面、综合地考虑各种因素，方能作出技术上合理的方案。

2. 航站楼纵向布局

根据客运量、航站楼可用占地和空侧、陆侧交通组织等因素，航站楼纵向布局可采用单

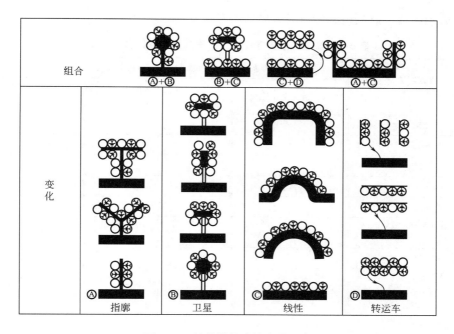

图 3-14　航站楼概念演变及组合

层、一层半、二层、三层等方案。

　　采用单层方案时，进、出港旅客及行李流动均在同一层进行，如图 3-15 所示。这样，旅客一般只能利用舷梯上下飞机。采用一层半方案时，出港旅客在一层办理手续后到二层登机，登机时可利用登机桥。进港旅客在二层下机后，赴一层提取行李，然后离开，如图 3-16所示。采用二层方案时，旅客、行李流程分层布置。进港旅客在二层下机，然后下一层提取行李，再转入地面交通；出港旅客在二层托运行李，办理手续后登机。如图 3-17所示。采用三层方案时，旅客、行李流程基本与二层方案相同，只是将行李房布置在地下室或半地下室，如图 3-18 所示。

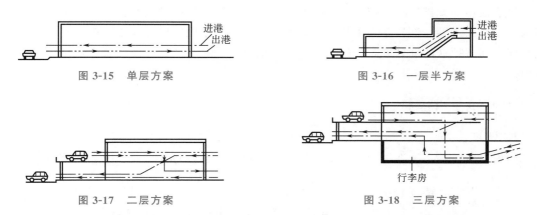

图 3-15　单层方案　　　　　　　　　　　图 3-16　一层半方案

图 3-17　二层方案　　　　　　　　　　　图 3-18　三层方案

3. 航站楼总体布局方案

　　航站楼总体布局，主要是指水平布局（线型、指廊型、卫星型、转运车型及其变形与组合）和纵向布局（层数、车道边层数）。显然，航站楼总体布局的确定涉及诸多因素，必须经过多方面的反复论证才能确定出可较好满足航站楼各方面功能要求的方案。表 3-1 是美国联邦航空管理局关于航站楼总体布局方案的参考意见。

表 3-1　美国联邦航空管理局关于航站楼总体布局方案

年登机旅客数 /(×10³ 人次)	水平布局				纵向布局				登机高度	
	线型	指廊型	卫星型	转运车型	单层路边	多层路边	单层航站楼	多层航站楼	机坪	飞机
<25	✓				✓		✓		✓	
25~75	✓				✓		✓		✓	
75~200	✓						✓		✓	
200~500	✓	✓					✓		✓	
500~1000										
始发—终程旅客>75%	✓	✓	✓		✓		✓		✓	✓
<75%	✓	✓	✓		✓			✓	✓	
1000~3000										
始发—终程旅客>75%		✓	✓	✓	✓			✓	✓	✓
<75%	✓	✓			✓			✓	✓	✓
>3000										
始发—终程旅客>75%		✓	✓	✓	✓			✓	✓	
<75%	✓	✓		✓	✓			✓		

第二节
航站楼旅客服务流程

　　航站楼的旅客都是按照到达和离港有目的地在流动，在设计航站楼时必须安排好旅客流通的方向和空间，这样才能充分利用空间，使旅客顺利地到达要去的地方，不致造成拥挤和混乱。

　　目前通用的安排方式是把离港（出发）和进港（到达）分别安置在上、下两层，上层为离港，下层为进港，这样互不干扰又可以互相联系。由于国内旅客和国际旅客所要办理的手续不同，通常把这两部分旅客分别安排在同一航站楼的两个区域，或者分别安排在两个航站楼内。

一、旅客离港

1. 国内出发

国内出发流程：换登机牌→托运行李→安全检查→候机与登机，如图 3-19 所示。

图 3-19　国内出发流程

国内旅客所办理手续简单，占用航站楼的时间少，但流量较大，因而国内旅客候机区的候机面积较小而通道比较宽。正常情况下，旅客国内出发的一般流程如下：

（1）办理手续　在旅客购票到达机场离港大厅后，在航班信息显示屏上查询所乘坐航班相应的值机柜台，凭本人有效身份证件到该值机柜台办理乘机和行李托运手续，领取登机牌。旅客一般可以在航班起飞前90分钟开始到开放办理乘机手续的柜台，注意在航班起飞前30分钟关闭柜台。

（2）通过安全检查　准备好登机牌、有效身份证件交给安全检查员查验。为了飞行安全，旅客须从安全门通过接受人身安检，随身行李物品须经X射线机检查。

（3）候机与登机　安检后旅客可以根据登机牌上的登机口号码到相应候机区休息候机。登机时需要出示登机牌，应提前准备好。通常情况下，在航班起飞前约30分钟开始登机，旅客应留意广播提示。

2. 国际出发

国际出发流程：海关检查→托运行李、换登机牌→检验检疫→边防检查→安全检查→候机与登机，如图3-20所示。

图 3-20　国际出发流程

国际旅客要办理护照、检疫等手续，行李也较多，在航站楼内停留的时间长，同时有些旅客还要在免税店购物，因而国际旅客的候机区要相应扩大候机室的面积，而通道面积要求较小。

（1）海关检查　海关检查是对出入境的货物、邮递物品、行李物品、货币、金银、证券和运输工具等进行监督检查和征收关税的一项国家行政管理活动，是为了维护国家主权和利益，保护本国经济发展，查禁走私和违章案件，防止沾染病毒菌的物品入境而采取的检查措施。

海关检查的范围主要是旅客携带的物品，核实身份多由边检和航空公司进行。如果旅客携带有向海关申报的物品，须填写《中华人民共和国海关进出境旅客行李物品申报单》（简称《申报单》），选择"申报通道"（又称"红色通道"）通关；如果没有，无须填写《申报单》，选择"无申报通道"（又称"绿色通道"）通关。

（2）托运行李、换登机牌　在开始办理登机手续之前，旅客先确认是否携带有向海关申报的物品。如有应选择海关申报柜台办理申报手续（按照规定享有免验和海关免于监管的人员以及随同成人旅行的16周岁以下旅客除外），再办理乘机和行李托运手续，领取登机牌。护照、签证及旅行证件等证件应随身携带，不要放在交运行李中运输。

如果旅客所乘航班将经停国内其他机场出境，可从"专门通道"经安全检查进入候机区登机。旅客可在航班起飞前150～180分钟到达航站楼，值机截止办理手续的时间为航班起飞前30～60分钟不等，具体情况按各航空公司规定执行。

（3）检验检疫　如果旅客是将要出国一年以上的中国籍旅客，建议到检验检疫部门进行体检，以获取含艾滋病检测结果的有效的健康证明；如果旅客是将要前往某一疫区的旅客，旅客应进行必要的免疫预防疫苗接种；携带以下物品的旅客，应主动向检验检疫官员申报：生物物种资源、活动物、动物食品、动物尸体或标本、植物及其产品、植物繁殖材料、土壤、微生物、人体组织、生物制品、血液及其制品等。

（4）边防检查　如果旅客是外国旅客，需交验有效护照、签证、出境登记卡，并在有效入境签证上的规定期限内出境；如果旅客是中国旅客（包括港澳台地区居民），需交验旅客的有效的护照证件、签证、出境登记卡以及有关部门签发的出国证明。

（5）安全检查　旅客提前准备好登机牌、有效护照等证件并交给安全检查员查验。为了飞行安全，旅客须从安全门通过接受人身安检，随身行李物品须经 X 线机检查。

（6）候机与登机　安全检查后旅客可以根据登机牌显示的登机口号码到相应候机区休息候机。登机时需要出示登机牌，应提前准备好。通常情况下，在航班起飞前约 40 分钟开始登机，旅客应留意广播提示。

二、旅客进港

1. 国内到达

国内到达流程：航班到达→提取行李→离开机场，如图 3-21 所示。

图 3-21　国内到达流程

（1）航班到达　如果航班停靠航站楼登机桥，旅客可沿进港廊道前往一楼行李提取厅；如果旅客是乘摆渡车到达航站楼，下车后可直接进入行李提取厅。

（2）提取行李　大多机场行李提取厅位于一楼，其入口处设有行李转盘显示屏，旅客可根据航班号查知托运行李所在的转盘；如行李较多，可使用免费行李手推车或选择收费手推车服务；为确保旅客的行李不被误领，在出口处将会有工作人员对旅客的行李牌/号进行检查核对。旅客如有疑问可到行李查询柜台咨询。

（3）离开机场　提取行李后旅客将进入到达大厅，在那里与接机的亲友会面，或到宾馆接待及问讯柜台进行咨询，或到银行兑换货币；出了到达大厅，旅客可选择机场巴士或出租车离开机场。

2. 国际到达

国际到达流程：航班到达→检验检疫→边防检查→提取行李→海关检查→离开机场，如图 3-22 所示。

（1）航班到达　下飞机进入航站楼后，应依次办理以下手续。

（2）检验检疫　旅客需如实填写《入境健康检疫申明卡》。旅客在飞机内如果得到检疫所发的卫生健康卡，应填写必要事项并交到卫生检疫地点。来自黄热病区的旅客，要向检验检疫机关出示有效的黄热病预防接种证书。

（3）边防检查　外国旅客入境须持有效的护照证件，并办妥中国入境签证；中国旅客凭

图 3-22　国际到达流程

有效护照证件入境；旅客入境时，须将填好的入境登记卡连同护照证件、签证一并交边防检查站查验。

（4）提取行李　与旅客国内到达行李提取流程相似。

（5）海关检查　如果旅客有物品申报，要走红色通道，接受检查，办理海关手续；如果没有，可选择绿色通道。

（6）离开机场　提取行李后的旅客将进入到达大厅，在那里可与接机的亲友会面，或到宾馆接待及问讯柜台进行咨询，或到银行兑换货币；出了到达大厅，可选择机场巴士或出租车离开机场。

三、旅客中转

中转旅客是等候衔接航班的旅客，一般不到航站楼外活动，所以要专门安排他们的流动路线，当国内转国际航班或国际转国内航班的旅客较多时，流动路线比较复杂，如果流量较大，机场当局就应该适当考虑安排专门的流动线路。

1. 国内转国内

国内转国内流程为：国内航班到达→办理中转手续→国内航班登机。

（1）国内航班到达　下飞机后旅客可以经登机桥或乘摆渡车进入航站楼。

（2）办理中转手续　如果旅客经登机桥进入航站楼，可前往候机楼中转柜台办理中转手续；如果旅客乘摆渡车到达航站楼，下车后前往国内中转柜台办理中转手续。

（3）国内航班登机　办理中转手续后，旅客可直接前往候机区，到相应登机口候机，并留意航班显示屏及广播发布的有关航班信息。

如不能正常办理中转手续，应告知旅客先要提取行李，再依次办理如下手续：托运行李及换登机牌、安全检查、候机及登机。

2. 国内转国际

国内转国际流程为：国内航班到达→提取行李→办理中转手续→海关检查→检验检疫→边防检查→安全检查→国际航班登机。

（1）国内航班到达　下飞机后旅客将经登机桥或乘摆渡车进入航站楼。

（2）提取行李　一般机场行李提取厅位于一楼，其入口处设有行李转盘显示屏，旅客可根据航班号查知托运行李所在的转盘；如有疑问可到行李查询柜台咨询。

（3）办理中转手续　中转手续依次为出境海关检查、行李安全检查、托运行李及换登机牌。

（4）海关检查　如果旅客有物品申报，可走红色通道；如果没有，可走绿色通道。

（5）检验检疫　旅客应持有必要的健康证明，并进行必要的免疫预防疫苗接种。

（6）边防检查　旅客应持有有效护照证件、签证、出境登记卡以及有关部门签发的出国证明。

（7）安全检查　旅客准备好登机牌、有效护照证件等通过安全检查。

（8）国际航班登机　到相应登机口候机，并留意航班显示屏及广播发布的有关航班信息。

3.国际转国际

国际转国际流程为：国际航班到达→办理中转手续→国际航班登机。

（1）国际航班到达　下飞机后旅客可以经登机桥或乘摆渡车进入航站楼。

（2）办理中转手续　中转手续依次为办理乘机手续、边防检查、安全检查。

（3）国际航班登机　办理中转手续后，旅客可以前往候机区，到相应登机口候机，并留意航班显示屏及广播发布的有关航班信息。

4.国际转国内

国际转国内流程为：国际航班到达→检验检疫→边防检查→提取行李→办理中转手续→安全检查→国内航班登机。

（1）国际航班到达　下飞机后旅客可以经登机桥或乘摆渡车进入航站楼。

（2）检验检疫　按照检验检疫机关要求，如实填写《入境健康检疫申明卡》；来自黄热病区的旅客，要向检验检疫机关出示有效的黄热病预防接种证书。

（3）边防检查　旅客须持有有效护照证件、签证、入境登记卡。

（4）提取行李　行李提取厅位于一楼，其入口处设有行李转盘显示屏，旅客可根据航班号查知托运行李所在转盘；如有疑问可到行李查询柜台咨询。

（5）办理中转手续　中转手续依次为入境海关检查、行李安全检查、托运行李及换登机牌。

（6）安全检查　请旅客准备好登机牌、有效身份证件等通过安全检查。

（7）国内航班登机　到相应登机口候机，并留意航班显示屏及广播发布的有关航班信息。

思考与练习

1. 航站楼水平布局的种类有哪些？
2. 航站楼的基本设施有哪些？
3. 航站楼的规划要考虑哪些原则？
4. 简述国内、国际出港航班的流程。
5. 简述国内、国际进港航班的流程。
6. 简述旅客中转流程。

第四章

通用服务

知识目标

理解机场地面交通的意义；了解机场的客流特征和往返机场的主要交通方式的利弊；了解候机楼问询服务的种类，了解候机楼广播服务用语的规范；理解民航公共信息图形标志的设置原则与要求；了解候机楼零售业的发展状况。

技能目标

能按照问询服务的岗位职责和要求提供问询服务；熟练掌握标准候机楼广播用语；熟悉常见的民航公共信息图形标志。

通用服务是一系列服务的总称，包括地面交通服务、问询服务、候机楼广播服务、公共信息标志服务以及候机楼商业零售服务等。通用服务是旅客运输服务的延伸，是完整的旅客服务不可或缺的环节。

第一节
进出机场地面交通服务

一、机场地面交通的意义

对早期的航空旅客来说，出入机场的陆侧交通是没有任何问题的。20 世纪 20～30 年代的民用机场，大都位于所服务城市的边缘，旅客到机场的路途较近。在早期为数不多的旅客往返在交通量很小的通往机场的道路上，交通不会出现问题。

第二次世界大战以后，各国的科技和经济快速发展。到现在，航空旅行已变得非常快捷、舒适，成为受众人青睐的一种交通方式。机票价格也不再高得令人生畏，加之个人拥有小汽车在一些国家已非常普遍。于是，许多旅客、公务人员自己驾车出入于机场，这使得许多机场的进出道路交通拥挤，时常拥堵，因此这也成了机场等有关方面需重点改善的问题。

图 4-1 是 1990 年和 1950 年旅客作同样的短途旅行所花费总时间的构成与对比示意。显然，由于飞机速度提高所节省的时间，几乎已被进出机场的陆侧交通时间增加所抵消。现在，大中型运输机的巡航速度一般都在 900 千米/时左右，因而国内航线乘机时间大都在

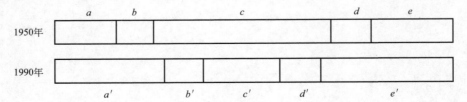

图 4-1　短途航空旅行所花费总时间的构成与对比
a、e（a'、e'）—赶到、离开机场所花时间；
b、d（b'、d'）—在航站楼所花时间；c（c'）—空中飞行时间

1~3 小时之间。由于机场陆侧交通不畅，航空旅行时的地面交通时间与乘机时间持平甚至超出，已是司空见惯。长此以往，势必减少航空旅行对中、短途旅客的吸引力。

事实上，机场与城市中心联系的便利程度非常重要，它是机场功能充分实现的前提条件，更是城市基础设施水平的集中体现。作为城市重要的对外窗口之一，进出机场的地面交通对城市发展的影响力亦不可小觑。

二、往返机场乘客的分类

往返于机场和市中心的乘客大致可以分为三类，即前来乘坐航班或抵达的航空旅客及其迎送人员、机场的工作人员以及工作地或居住地位于机场附近的人员（表 4-1）。

表 4-1　进出机场乘客分类及特点

乘客分类	在进出机场交通系统中的地位	消费诉求	时间特征
航空旅客及其迎送人员	主要	快速、舒适、方便行李携带，提供增值服务如航班动态播报	客流发生时间与航班时刻相关
机场的工作人员	重要	价格低、快速、早晚高峰时段能避免道路拥堵	有早晚两个高峰时段，可预测性强
机场到市区沿线的人员	次要	班次多、停靠站点多、价格低	出行随机、增长速度快、预测难度大

从表 4-1 中可以看出，在进出机场交通系统中，首要考虑的应是机场的航空旅客及其迎送人员，此外机场工作人员也是重点考虑对象。

通常来说，机场工作人员的出行是典型的通勤行为，具有潮汐性。航空旅客的出行发生时间和航班时间有很大的相关性，机场的特殊地理优势会促使沿线居民的出行需求增长迅速，往往给机场沿线交通带来很大的压力。所以在规划机场和城市之间的交通衔接方式的时候，应考虑到不同性质的乘客的不同出行需求。在设计进出机场交通的容量时，也是主要依据这三者的流量而定。

三大类人员的出行需求有时候不能协调。例如，航空旅客和机场工作人员希望一站直达，而沿线居民或工作人员则希望去往机场方向的公共交通在他们所希望的地点有停靠站点。

因此，单一的交通方式不能满足需求，往往不能保证运输任务的顺利完成，同时也不能保障机场功能的顺利运转。在机场和市中心之间建设一个综合的、可靠度高、舒适性好的客运交通体系是机场功能发挥作用的必要条件。

三、往返机场的主要交通方式及其特点

作为航空旅行的延伸，机场和市中心的交通联系应该适应航空市场大众化的这一重要变化。纵观国内外进出机场的交通方式，依据其运行的载体不同可分为公路交通、轨道交通、空中交通和水路交通四种类型。

1. 公路交通

城市公交属于城市交通系统规划的一部分，适合离市中心距离较短（15 千米内）的机场，用于同时满足航空旅客与机场沿线居民的乘车需求。其优点是连接性好、价格便宜，缺点则是行程时间不确定、舒适性差。

（1）小汽车　在世界各地，特别是发达国家，个人或工作单位的小汽车已成为进出机场的最普遍交通工具。小汽车的优点是灵活性强。如果旅客行李较多，或旅客是老人、孩子或残疾人，使用小汽车的便利更是显而易见。在公路交通顺畅时，小汽车可以很快地往返机场。尤其是几个人同乘一辆车时，经济上更是划算。

这种交通方式的缺点之一是易受公路交通状况影响，交通拥挤或发生阻塞时，到达机场的时间就没有保障。再就是对机场的道路和停车设施有较高的要求。为了容纳小汽车，必须在本已十分拥挤、繁忙的航站楼前划出一大片场地来作停车场，给陆侧交通组织带来很大困难。如果将停车场置于距航站楼较远的地方，又会给旅客，特别是携带大量行李的旅客带来不便。

（2）出租车　出租车也是机场常见的交通方式，特别是当因公旅行的旅客较多或机场距市区较近时。出租车的优点类似小汽车，缺点是个人花费较大，也需占用道路和交通设施，容易受到非机场交通车辆的影响而被迫减速或停滞。出租车本身也可能在航站楼附近造成交通问题。例如，出租车在招揽生意或停车下客时，常常会较长时间地占用道路、车道边而影响交通。为此，在有些繁忙机场，常常在距航站楼一定距离范围内专给出租车划出一块集结区域，当航站楼出口有旅客要车时，管理人员才放行，这样，就避免了长长的出租车车队在航站楼陆侧造成拥塞。

（3）公共汽车　在有些城市，人们可以乘公共汽车进出机场。当较多的机场人员和旅客乘公共汽车时，机场的停车数量会大为减少。但实际上，为了缓解航站区的交通压力，公共汽车站往往设在距航站楼较远的地方，这样就给到达和出发旅客带来了不便。公共汽车中途设站较多，运行时间长。航空旅客要与许多其他乘客混杂在一起，有时非常拥挤。凡此种种，都给旅客，尤其是携带许多行李的旅客造成很多不便。因此，利用公共汽车进、出机场的旅客较少。

（4）机场巴士　机场班车也是机场中常见的交通方式。通过在市区内定点设立的车站，机场巴士将这些车站与机场联系起来。机场巴士的票价比出租车要便宜许多。由于中途很少设站，运行时间较公共汽车要短得多。

机场巴士的缺点是只能给在班车站附近的旅客带来较大方便。巴士在公路上行驶时并无优先权，也易受到公路交通状况的影响。除非乘客较多，一般班车的运行时间间隔较长，这使得有些旅客的等候时间加长。为了方便旅客，有些机场已将巴士站扩展到市郊，但因载客率锐减，运营成本大大提高，有些不得不提高票价。

2. 轨道交通

相比于公路交通，虽然轨道交通所需的基础设施投资大，但是轨道交通具有公路交通所无法比拟的5个巨大优势：运输容量大、速度快、准点率高、舒适性好、节能环保。据统计，在全球客流量排名前50位的世界机场中，建有轨道交通的机场共有36个，占72%。排名前10的机场均建有轨道交通线路与市中心相连。

轨道交通的主要载体有地铁、轻轨、有轨电车、高速铁路、磁悬浮等。在有些机场，如戴高乐、亚特兰大、华盛顿特区等机场，都有与市区交通系统沟通的捷运公交系统。城市捷运公交系统指有轨公共交通工具，如地铁、有轨电车、单轨车辆等。有的城市，市区也有四通八达的捷运公交系统，这样旅客可从城市不同地点利用捷运公交非常方便地进出机场。

有些机场临近铁路，于是接铺一条较短的支线即可将铁路与机场联系起来，且这种建设方式投资非常少。与铁路相通的机场目前还为数不多，但一些有铁路车站的大机场，如法兰克福、苏黎世和伦敦盖特威克等机场确实受益匪浅。铁路不像公路，交通非常可靠，可由市中心直达机场车站，而不像有的城市捷运车辆，中途设许多站。另外，机场火车站一般无需太多的专有设施，这是一个突出的优点。

与汽车相比，城市捷运公交系统行车线路交通通畅，不会出现拥塞，行驶速度也较快。与汽车相同的是，旅客也要与其他乘客混在一起，且中途设站较多。值得注意的是捷运系统在机场的车站要十分靠近航站楼，这样旅客才便于搭乘；否则，难以实现预期的交通分流。伦敦希思罗机场是较成功地利用了城市捷运公交系统（地铁）的范例。相比之下，有的机场，如法国奥利、美国波士顿机场等因为捷运系统车站距航站楼太远，乘客便不愿乘坐。为充分利用捷运公交，机场当局不得不在捷运车站与航站楼之间开行穿梭公共汽车，但结果收效并不显著，因为旅客不愿拖着行李屡次遭受上下车之累。

3. 空中交通

在发达国家，有些机场拥有直升机坪，可为航空旅客提供直升机连接市区的交通服务，通过直升机实现机场与市区的连通，能够在最大程度上实现高速、准时的进出场交通，但是价格也相对其他交通方式昂贵许多。

采用直升机运送往返机场的旅客也许是最快捷、最不受地面交通状况影响的交通方式了。直升机的优点是快捷、方便、舒适，但对旅客来说价格太高，故使用率并不高。由于直升机的目的地就是机场，遂导致客源进一步减少。另外，直升机的噪声也是这种交通方式的一个致命弱点，其起落点附近的公众是反对开展这种经营的。

20世纪40年代后，美国联邦政府通过资金补贴，鼓励在纽约、芝加哥和洛杉矶三个城市利用直升机运载航空旅客。1964年，旧金山也出现了这种交通方式。纽约肯尼迪机场、纽瓦克机场和斯图尔特机场拥有连接曼哈顿市区直升机专用机场的直升机，机场旅客可通过直升机服务从市区到达机场登机。2006年3月，纽约又开辟了另一条捷径——从曼哈顿中心的华尔街乘坐直升机抵达肯尼迪国际机场。美国国土安全部下属的交通安全部门在纽约曼哈顿市中心建起一座小型停机场，负责直升机的调度以及相应的乘客安检设备。该线被人们称之为"直升机公交"。

4. 水路交通

有些机场所处位置临近水域，因此在进出机场交通上比其他机场多了轮船、快艇等水路交通方式。

2005年9月29日，深圳开通蛇口至香港国际机场的海上航线，每天共有16个豪华高速客船往返，18千米的航程仅需30分钟即可完成。旅客在此乘船前往香港国际机场乘机，到达机场的海天码头后，可以直接办理登机、托运手续，而无须再经过两道入、出境手续，大大缩短了旅程时间。旅客办理完安检手续后，可乘坐免费豪华接驳巴士直达香港国际机场候机大堂10号闸口（全程仅需5分钟）准备登机，这使得从水路前往香港机场变得更加便利。

通过这种特殊的进出机场方式，旅客还可以欣赏沿途风景，就像在威尼斯机场和伦敦城机场那样。但如果水运的码头设施不完备，有可能给旅客带来不便。旧金山机场曾试图利用穿梭于旧金山湾的气垫船来载客，但其服务的可靠性常常不令人满意。

5. 各种交通方式小结

纵观上述各种进出机场交通方式，对比较常用的公路交通与轨道交通进行了分析，对于不同规模的机场，有以下判断：

（1）年吞吐量在 100 万以下的小型机场由于客流量较小，从运营成本的角度考虑，较合理的是使用公共汽车作为进出机场的主要交通方式，出租车和私家车作为辅助交通方式，除非是机场距离市区边缘较远（10 千米以上），可考虑开通机场巴士。

（2）年吞吐量在 100 万到 1500 万之间的机场，适合在公交与自备车的基础上增设机场巴士运营，充分利用大容量公路交通来满足进出机场乘客的需求，减轻车流量压力。

（3）从国内外的众多机场来看，对于年吞吐量 1500 万以上的机场，若仅靠公路交通来输送机场客流则交通拥堵现象严重，应建设轨道交通来大量分担公路交通的压力。对于年吞吐量 3000 万以上的机场，可考虑增设专用的快速铁路来输送机场客流，这样能够进一步丰富机场的交通方式，建设更合理的地面交通运输体系。

第二节
民航公共信息标志服务

为方便旅客出行，应该在民航机场候机楼、候机楼外广场、民航售票处、货运等场所，以及上述场所与其他交通设施之间的转换区域设置公共信息标志。

一、公共信息图形标志的设置原则与要求

1. 设置原则

设置图形标志时，应按照 GB/T 15566—1995 第 5 章、第 6 章的规定。与消防有关的标志的设置应按照 GB 15630—1995 的有关规定。

在设计机场设施的功能和布局时就应考虑创建一个图形标志系统。在图形标志系统中应明确人们需要了解的起点和终点，以及通向特定目标的最短或最方便的路线（如对于残疾人）；在该系统中还应明确所有关键性的点（如连接、交叉等），在这些点上需要设置进一步的导向信息。当距离很长或布局复杂时，即使没有关键的点，导向信息也应以适当的间隔被重复。

在两个或更多场所之间的转换区域设置标志，以保证从一个场所到另一个场所的顺利转换。

设置图形标志时，应对视觉效果、人的高度及其所处的位置、安装标志的可行性等进行综合分析，并应在现场验证分析结果，如果需要，应对图形标志进行调整使其适合实际情况。

应特别重视导向标志的设置，设置导向标志往往比设置位置标志更重要。同时，在保证提供良好的导向信息的前提下，设置的标志数量应保持在最低限度。

应尽可能消除来自周围环境的消极干扰。广告应与图形标志系统各要素具有明显不同的视觉效果，并且设置在某个严格限定的区域。

2. 导向系统的要素

（1）标志说明图 列出某场所使用的全部图形标志，并在其旁边给出中英文含义的一种综合标志图。

（2）导流图 指导人们顺利乘机的流程图。

（3）平面布置图 提供在某区域中的服务或服务设施所处地点的鸟瞰图。

（4）综合导向标志 引导人们选择不同方向的服务或服务设施的导向标志，由多个符号与多个箭头组成。

（5）导向标志 一个或多个图形符号与一个箭头结合所构成的标志，用以引导人们选择方向。

（6）位置标志 设置在特定目标处，用以标明服务或服务设施的标志。该标志不带箭头。

（7）指示标志 指示某种行为的标志。民航标志中指示标志如下：旅客止步、禁止吸烟、禁止携带托运武器及仿真武器、禁止携带托运易燃及易爆物品、禁止携带托运剧毒物品及有害液体、禁止携带托运放射性及磁性物品等。

（8）流程标志 表示乘机过程中需要经过的服务或服务设施的标志，例如：出发、到达、问询、售票、行李手推车、办理乘机手续、托运行李检查、安全检查、行李提取、行李查询、边防检查、卫生检疫、动植物检疫、海关、红色通道、绿色通道、候机厅、头等舱候机室、贵宾候机室、中转联程、登机口等。

（9）非流程标志 表示乘机时不一定经过的服务或服务设施的标志，例如：洗手间、男性、女性、育婴室、商店、电报、结账、宾馆服务、租车服务、地铁、停车场、直升机场、飞机场、安全保卫、饮用水、邮政、电话、货币兑换、失物招领、行李寄存、西餐、中餐、快餐、酒吧、咖啡、书报、舞厅、入口、出口、楼梯、上楼楼梯、下楼楼梯、向上自动扶梯、向下自动扶梯、水平步道、电梯、残疾人电梯、残疾人等。

3. 颜色

图形标志颜色的使用应符合 GB 2893 的规定。候机楼内可用不同的颜色区分出"流程标志"与"非流程标志"。应首选黑白色标志，流程标志可使用"白衬底、黑图形"；非流程标志可使用"黑衬底、白图形"。如使用彩色标志，流程标志可使用"绿衬底、白图形"，非流程标志可使用"蓝衬底、白图形"。亦可黑白色标志与彩色标志混合使用。对于禁止类标志，颜色只能为"白衬底、黑图形、红色斜杠或边框"。与消防有关的标志应使用 GB 3495 中规定的颜色。

4. 文字的使用

应尽可能只使用图形符号而不附加任何文字。如必须使用文字，则应使用标准的简化字。文字应简短明了（例如：在箭头加文字的导向标志中使用文字"登机口 1"而不使用"至 1 号登机口"），在一个候机楼内，应尽可能使用统一的文字表达方式。

仅在没有合适的符号表达所需传递的概念时，使用不带符号的文字作为位置标志或与箭头结合作为导向标志。这种情况下，应加入文字标志的英文对应词，但英文字体应小于中文字体。

需要给出补充信息（如区分"国际到达"与"国内到达"时应使用补充文字），并可加入对应的英文。

二、常见的民航公共信息图形标志

序号	图形符号	名称	说明
1		飞机场 Aircraft	表示民用飞机场或提供民航服务。用于公共场所、建筑物、服务设施、方向指示牌、平面布置图、信息板、时刻表、出版物等
2		直升机场 Helicopter	表示直升机运输设施
3		方向 Direction	表示方向。用于公共场所、建筑物、服务设施、方向指示牌、出版物等。符号方向视具体情况设置
4		入口 Entry	表示入口位置或指明进去的通道。用于公共场所、建筑物、服务设施、方向指示牌、平面布置图、运输工具、出版物等。设置时可根据具体情况改变符号的方向
5		出口 Exit	表示出口位置或指明出口的通道。用于公共场所、建筑物、服务设施、方向指示牌、平面布置图、运输工具、出版物等。设置时可根据具体情况改变符号的方向
6		楼梯 Stairs	表示上下共用的楼梯,不表示自动扶梯。用于公共场所、建筑物、服务设施、方向指示牌、平面布置图、出版物等。设置时可根据具体情况将符号改为其镜像
7		上楼楼梯 Stairs Up	表示仅允许上楼的楼梯,不表示自动扶梯。用于公共场所、建筑物、服务设施、方向指示牌、平面布置图、出版物等。设置时可根据具体情况将符号改为其镜像

续表

序号	图形符号	名称	说明
8		下楼楼梯 Stairs Down	表示仅允许下楼的楼梯,不表示自动扶梯。用于公共场所、建筑物、服务设施、方向指示牌、平面布置图、出版物等。设置时可根据具体情况将符号改为其镜像
9		向上自动扶梯 Escalators Up	表示供人们使用的上行自动扶梯。设置时可根据具体情况将符号改为其镜像
10		向下自动扶梯 Escalators Down	表示供人们使用的下行自动扶梯。设置时可根据具体情况将符号改为其镜像
11		水平步道 Moving Walkway	表示供人们使用的水平运行的自动扶梯
12		电梯 Elevator;Lift	表示公用的垂直升降电梯。用于公共场所、建筑物、服务设施、方向指示牌、平面布置图、出版物等
13		残疾人电梯 Elevator for Handicapped Persons	表示供残疾人使用的电梯
14		残疾人 Access for Handicapped Persons	表示残疾人专用设施

序号	图形符号	名称	说明
15		洗手间 Toilets	表示有供男女使用的漱洗设施。根据具体情况，男女图形位置可以互换
16		男性 Male	表示专供男性使用的设施，如男厕所、男浴室等。用于公共场所、建筑物、服务设施、方向指示牌、平面布置图、运输工具、出版物等
17		女性 Female	表示专供女性使用的设施，如女厕所、女浴室等。用于公共场所、建筑物、服务设施、方向指示牌、平面布置图、运输工具、出版物等
18		问询 Information	表示提供问询服务的场所。用于公共场所、建筑物、服务设施、方向指示牌、平面布置图、运输工具、出版物等
19		售票 Ticketing	表示出售飞机票、候补机票、汽车票的场所
20		办理乘机手续 Check-in	表示旅客办理登机卡和交运手提行李等乘机手续的场所
21		出发 Departures	表示旅客离港及送客的地点。设置时可根据具体情况将符号改为其镜像

续表

序号	图形符号	名称	说明
22		到达 Arrivals	表示旅客到达及接客的地点。设置时可根据具体情况将符号改为其镜像
23		中转联程 Connecting Flights	表示持联程客票的旅客办理中转手续、候机场所
24		托运行李检查 Baggage Check	表示对登机旅客交运的行李进行检查的场所
25		安全检查 Security Check	表示对乘机旅客进行安全检查的通道
26		行李提取 Baggage Claim Area	表示到达旅客提取交运行李的场所
27		行李查询 Baggage Inquiries	表示机场、宾馆帮助旅客查找行李的场所(不代表失物招领)
28		卫生检疫 Quarantine	表示由口岸卫生检疫机关对出入境人员、交通工具、货物、行李、邮包和食品实施检疫查验、传染病监测、卫生监督、卫生检验的场所

续表

序号	图形符号	名称	说明
29		边防检查 Immigration （护照检查）	表示对涉外旅客进行边防护照检查的场所
30		动植物检疫 Animal and Plant Quarantine	表示由口岸动植物检疫机关对输入、输出和过境动植物及其产品和其他检疫物实施检疫的场所
31		海关 Customs	表示进行海关检查的场所
32		红色通道 Red Channel （有申报物品 Goods to Declare）	表示对通过海关的旅客所携带的全部行李进行检查的通道
33		绿色通道 Green Channel （无申报物品 Nothing to Declare）	表示对通过海关的旅客所携带的部分行李进行检查的通道
34		候机厅 Waiting Hall	表示供人们休息、等候的场所，如车站的候车室、机场的候机厅、医院的候诊室等。用于公共场所、建筑物、服务设施、方向指示牌、平面布置图、出版物等
35		头等舱候机室 First Class Lounge	表示持头等舱客票的旅客候机的场所

续表

序号	图形符号	名称	说明
36	VIP	贵宾候机室 VIP Lounge	表示贵宾或重要旅客候机的场所
37	No.5	登机口 Gate	表示登机的通道口。根据具体需要变换数字
38		行李手推车 Baggage Cart	表示供旅客使用的行李手推车的存放地点。用于公共场所、建筑物、服务设施、方向指示牌、平面布置图、信息板、出版物等
39		育婴室 Nursery	表示带婴儿旅客等候的专用场所
40		商店 Shopping Area	表示出售各种商品的商店或小卖部
41		电报 Telegraph	表示有电讯业务的场所
42		结账 Settle Accounts	表示用现金或支票进行结算的场所,如售票付款处、超重行李付款处及宾馆、饭店的前台结账处以及商场等场所的付款处等。用于公共场所、建筑物、服务设施、方向指示牌、平面布置图、出版物等

续表

序号	图形符号	名称	说明
43		宾馆服务 Hotel Service	表示查询、预订旅社、饭店的场所
44		租车服务 Car Hire	表示提供旅客租车服务的场所
45		地铁 Subway Station	表示地铁车站及设施
46		停车场 Parking Lot	表示停放机动车辆的场所
47		航空货运 Air Freight	表示办理航空货运的场所
48		货物检查 Freight Check	表示机场货运处对托运货物进行安全检查的场所

续表

序号	图形符号	名称	说明
49		货物交运 Freight Check-in	表示交运货物的场所。设置时可根据具体情况改为其镜像
50		货物提取 Freight Claim	表示领取托运货物的场所。设置时可根据具体情况改为其镜像
51		货物查询 Freight Inquiries	表示机场帮助货主查找货物的场所
52		旅客止步 Passenger No Entry	表示非工作人员在此止步
53		禁止吸烟 No Smoking	表示该场所不允许吸烟
54		禁止携带托运武器及仿真武器 Carrying Weapons and Emulating Weapons Prohibited	表示禁止携带和托运武器、凶器及仿真武器。本符号不能单独使用

续表

序号	图形符号	名称	说明
55		禁止携带托运易燃及易爆物品 Carrying Flammable,Explosive Materials Prohibited	表示禁止携带和托运易燃、易爆及其他危险品。本符号不能单独使用
56		禁止携带托运剧毒物品及 有害液体 Carrying Poison Materials, Harmful Liquid Prohibited	表示禁止携带和托运剧毒物品、有害液体物品。本符号不能单独使用
57		禁止携带托运放射性及 磁性物品 Carrying Radioactive,Magnetic Materials Prohibited	表示禁止携带和托运放射性物质和超过规定的磁性物质。本符号不能单独使用

第三节
候机楼问询服务

　　候机楼问询服务可向旅客提供诸如航班信息、机场交通、候机楼设施使用、遗失物品认领等。问询服务往往能直接解决旅客在旅行过程中遇到的许多麻烦，或为旅客解决问题指明方向，深受旅客欢迎。因此，在机场设立专门的问询柜台，为旅客提供各种问询服务，已经成为航空运输企业为旅客服务的不可或缺的窗口。

一、问询服务的分类

　　问询服务根据服务提供方的不同可以分为航空公司问询、机场问询和联合问询，其中联合问询是航空公司与机场共同派出问询服务人员组成联合问询柜台，向旅客提供的最为全面的问询服务。

　　问询服务根据服务提供方式的不同可以分为现场问询和电话问询。现场问询是指在问询柜台当面向旅客提供问询服务；电话问询是通过电话方式向打来电话的客人提供各类问询服务；通常电话问询还可以分为人工电话问询和自动语音应答问询。人工电话问询主要用来解决旅客提出的一些比较复杂或非常见的问题；自动语音应答则由旅客根据自动语音提示进行操作，通常能较好地解决旅客所关心的常见问题，它能大大地节省人力，提高服务效率。

根据服务柜台的设置位置不同，还可以将问询服务分为隔离区外的问询服务和隔离区内的问询服务。

二、问询服务的岗位职责和要求

1. 问询服务职责与工作任务

① 负责旅客问询工作；

② 负责无陪儿童、无陪老人、轮椅旅客、聋哑旅客、担架旅客等特殊旅客的服务工作；

③ 负责航班不正常旅客的解释服务工作，协助做好航班延误服务、备降服务、取消服务、补班服务的相关工作，做好不正常航班电话跟踪服务、交通频道发布信息服务的工作；

④ 负责旅客失物招领服务；

⑤ 其他服务工作：为旅客提供便民、广播查找服务，收集旅客提出的要求和意见，及时反馈；

⑥ 负责岗位物资和设备管理；

⑦ 按要求填写岗位各项台账记录工作；

⑧ 维持服务台秩序，发现特殊情况及时通知监控室和机场公安局。

2. 问询服务的岗位要求

（1）一般要求　每日值机柜台开启前到岗；检查电脑、电话等设施设备是否处于正常状态，如有故障要及时报修或调用备用设备，确保问询工作顺利进行。

确保问询柜台始终有工作人员在岗，若有特殊情况需要离开，必须在柜台上放置"请稍等"指示牌。

根据旅客提出的要求及时给予帮助；遇到无法解决的特殊问题，应及时汇报。

必须在国内或国际最后一个出发航班登机结束后，才可关闭柜台。

旅客在现场提出投诉时，应耐心解释并记录相关情况，及时向上级反映；如有必要可向旅客提供企业投诉电话。

（2）岗位知识要求　精通民航专业知识；掌握国际航空运输概论和旅客行李运输、客票等相关业务知识；初步了解旅游地理常识；熟悉民航旅客心理学基础知识；熟悉本部门各岗位工作程序，并且了解相关部门及联检单位的业务知识；熟悉《中国民用航空旅客、行李国内运输规则》和《中华人民共和国民用航空法》的内容及规定。

三、问询岗位工作流程

1. 现场问询工作流程

现场问询工作流程如图 4-2 所示。问询服务员上台前首先查看航班信息查询系统，了解当天航班情况并测试、检查岗位设备设施及电脑工作软件是否完好。其次查看当日交班事宜，及时处理遗留问题。再准备各项工作用品，最后做好柜台的整理和保洁。

接收现场旅客的问询，针对现场旅客提出来的各项问题，问询服务员通过航班信息查询系统掌握不正常航班信息，及时向现场指挥室、商务调度室或候机室跟踪了解具体航班动态，给予正确答复；对于旅客问询可以立即予以答复的，应在第一时间内告知旅客；做好航班不正常时的旅客电话跟踪服务。

接收 UM、轮椅、病残旅客等需要特殊服务的旅客，为特殊旅客提供相应服务，并通知

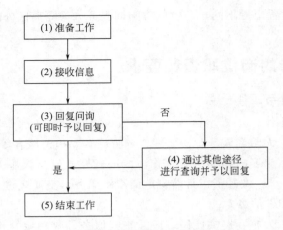

图 4-2　现场问询工作流程

相关部门予以接洽。

2. 电话问询工作流程

电话服务员接听前首先测试、检查电话及电脑通信设备是否完好。查看航班信息查询系统，了解当天航班情况并测试、检查岗位设备设施及电脑工作软件是否完好。其次查看当日交班事宜，及时处理遗留问题。再准备各项工作用品，最后做好柜台的整理和保洁。

电话接收现场旅客的问询，针对现场旅客提出来的各项问题，问询服务员通过航班信息查询系统掌握不正常航班信息，及时向现场指挥室、商务调度室或候机室跟踪了解具体航班动态，给予正确答复；对于旅客问询可以立即予以答复的，应在第一时间内告知旅客；在不能正确回答旅客或者没有把握回答问题的情况下，可先记录好旅客联系方式，通过各相关部门获取最准确答案，方可回复旅客，做好电话跟踪服务记录。

扩展阅读

问询员受理失主本人认领遗失物品流程

1. 问询员接收遗失物品时，先确认该物品是否已过安全检查，经安全检查确认无疑后方可接收。

2. 接收失物后，第一时间通知广播寻找失主。

3. 与交物人仔细检查失物并做好相应的台账记录（如：拾物时间、地点、物品特征、颜色、内容等），如有无贵重物品，应当面点清并做好登记。

4. 填写遗失物品交接清单，并由交物人与收物人双方签字，将交接清单红联贴在物品上，另将蓝联交给拾物人备存。

5. 仔细在该失物内查找名片或电话簿等有关失主本人的信息或联系方式，应尽可能联系上失主前来认领。

6. 失主前来认领时，问询员应仔细询问旅客该物品丢失的时间、地点、物品特征、颜色、内容，并与交接清单所登记的内容仔细核对。

7. 经确认与旅客所述物品的特征、内容信息一致，才能办理失物认领手续。

8. 要求失主出示身份证件、登机牌，并留下复印件，将该物品交给旅客现场打开查验内物是否完整。

9. 经失主核实物品完整后，让失主在"招领记录"栏内写下"物品齐全，准确无误、已认领"字样，填上日期、联系电话和签名，并将旅客证件复印件附在登记本上。

10. 将失物归还给失主，结束现场旅客失物认领工作。

第四节
候机楼广播服务

航站楼广播系统是机场航站楼必备的重要公共宣传媒体设备，是机场管理部门播放航班信息、特别公告、紧急通知等语言信息的重要手段，是旅客获取信息的主要途径之一，也是提高旅客服务质量的重要环节。

一、候机楼广播服务系统

候机楼广播服务系统由基本广播、自动广播、消防广播三部分组成。广播系统应采用当今先进的计算机矩阵切换器，对各种音源进行管理和分配，并限定它们的广播范围和广播权限，使所有的广播呼叫站都在设定的范围内工作，避免越权广播。

该系统有自动语言合成功能，可把数字信号转换成语言信号播出，合成后的语音标准、自然、流畅。系统语种一般为中文普通话和英语。

该系统有自动广播功能，在航班信息或航班动态信息的控制下，按时间顺序和不同的广播分区进行广播，无须人工操作可自动地进行。同时，航班信息的广播可与航班信息的显示同步。

该系统也设有噪声控制处理器，设置地点应包括国际、国内办票大厅，迎客大厅，国际、国内候机厅，通过获取现场噪声信号可自动调节音量，增加语言的清晰度。

候机楼广播系统的功放设备应设有自检、备份功能，系统能自动检测功放故障，并自动将故障功放单元的负载切换至备用功放上，并显示报警，从而提高了系统的可靠性，使广播不致中断。

广播分区划分应结合工艺流程，按照建筑物的自然隔断而形成的不同功能区域来划分。

二、民航机场候机楼广播用语规范

为了提高候机楼广播服务的质量，我国民航于1995年制定和实施了候机楼广播服务用语规范（MH/T 1001—95）。作为行业服务标准，制定本标准的目的在于规范候机楼广播服务用语，以提高广播服务质量，适应广播自动化的发展趋势。

1. 主题内容与适用范围

本标准对民航机场候机楼广播用语（以下简称广播用语）的一般规定、类型划分和主要广播用语的格式作出了规范。本标准适用于民航机场候机楼广播室对旅客的广播服务。

2. 广播用语的一般规定

（1）广播用语必须准确、规范，采用统一的专业术语，语句通顺易懂，避免发生混淆。

（2）广播用语的类型应根据机场有关业务要求来划分，以播音的目的和性质来区分。一般应按本标准第三部分进行。

（3）各类广播用语应准确表达主题，规范使用格式。一般应按本标准第四部分进行。

（4）广播用语应以汉语和英语为主，同一内容应使用汉语普通话和英语对应播音。在需要其他外语语种播音的特殊情况下，主要内容可根据本标准第三、第四、第五部分广播用语汉语部分进行编译。

3. 广播用语的分类

广播用语的分类参见表 4-2。

表 4-2　候机楼广播用语的分类

广播用语分类	1. 航班信息类	(1)出港类	办理乘机手续类	a. 开始办理乘机手续通知 b. 推迟办理乘机手续通知 c. 催促办理乘机手续通知 d. 过站旅客办理乘机手续通知 e. 候补旅客办理乘机手续通知
			登机类	a. 正常登机通知 b. 催促登机通知 c. 过站旅客登机通知
			航班延误取消类	a. 航班延误通知 b. 所有始发航班延误通知 c. 航班取消通知（出港类） d. 不正常航班服务通知
		(2)进港类	正常航班预告	
			延误航班预告	
			航班取消通知（进港类）	
			航班到达通知	
			备降航班到达通知	
	2. 例行类		须知	
			通告等	
	3. 临时类		一般事件通知	
			紧急事件通知	

4. 航班信息类广播用语的格式规范

航班信息类播音是候机楼广播中最重要的部分，用语要求表达准确、逻辑严密、主题清晰。所用格式一般应按本部分要求执行。

（1）规范的格式形式　每种格式由不变要素和可变要素构成。不变要素指格式中固定用法及其相互搭配的部分，它在每种格式中由固定文字组成。可变要素指格式中由动态情况确定的部分，它在每种格式中由不同符号和符号内的文字组成。

格式中符号的注释为：

① 表示在＿＿＿处填入航站名称；

② 表示在＿＿＿处填入航班号；

③ 表示在＿＿＿处填入办理乘机手续柜台号、服务台号或问询台号；

④ 表示在＿＿＿处填入登机口号；

⑤ 表示在＿＿＿处填入 24 小时制小时时刻；

⑥ 表示在＿＿＿处填入分钟时刻；

⑦ 表示在＿＿＿处填入播音次数；

⑧ 表示在＿＿＿处填入飞机机号；

⑨ 表示在＿＿＿处填入电话号码；

⑩ 表示 ［ ］ 中的内容可以选用，或跳过不用；

⑪ 表示需从 〈 〉 中的多个要素里选择一个，不同的要素用序号间隔。

每种具体的广播用语的形成方法：根据对应格式，选择或确定其可变要素（如航班号、登机口号、飞机机号、电话号码、时间、延误原因、航班性质等）与不变要素共同组成具体的广播用语。

（2）规范的格式内容

1）出港类广播用语包括三类：办理乘机手续类、登机类和航班延误取消类。

a. 办理乘机手续类

（a）开始办理乘机手续通知

前往____①的旅客请注意：

您乘坐的［补班］⑩____②次航班现在开始办理乘机手续，请您到____③号柜台办理。

谢谢！

Ladies and Gentlemen，

May I have your attention please?

We are now ready for check-in for ［supplementary］⑩ flight ____②to ____①at counter No. ____③.

Thank you.

（b）推迟办理乘机手续通知

乘坐［补班］⑩____②次航班前往____①的旅客请注意：

由于〈1. 本站天气不够飞行标准；2. 航路天气不够飞行标准；3. ____①天气不够飞行标准；4. 飞机调配原因；5. 飞机机械原因；6. 飞机在本站出现机械故障；7. 飞机在____①机场出现机械故障；8. 航行管制原因；9. ____①机场关闭；10. 通信原因〉⑪本次航班不能按时办理乘机手续。［预计推迟到____⑤点____⑥分办理。］⑩请您在出发厅休息，等候通知。

谢谢！

Ladies and gentlemen，may I have your attention please：

Due to 〈1. the poor weather condition at our airport；2. the poor weather condition over the air route；3. the poor weather condition over the ____①airport；4. aircraft reallocation；5. the maintenance of the aircraft；6. the aircraft maintenance at our airport；7. the aircraft maintenance at the ____①airport；8. air traffic congestion；9. the close-down of ____①airport；10. communication trouble〉⑪ the ［supplementary］⑩ flight ____② to ____① has been delayed. The check-in for this flight will bepostponed ［to ____⑤：____⑥］⑩ Please wait in the departure hall for further information.

Thank you.

（c）催促办理乘机手续通知

前往____①的旅客请注意：

您乘坐的［补班］⑩__②次航班将在____⑤点____⑥分截止办理乘机手续。乘坐本次航班没有办理手续的旅客，请马上到____③号柜台办理。

谢谢！

Ladies and Gentlemen，may I have your attention please：

Check-in for [supplementary] ⑩flight ____② to ____①will be closed at ____⑤：____⑥. Passengers who have not been checked in for this flight，please go to counter No. ____③ immediately.

Thank you.

（d）过站旅客办理乘机手续通知

乘坐［补班］⑩____②次航班由____①经本站前往____①的旅客请注意：

请您持原登机牌到［____③号］⑩〈1. 柜台，2. 服务台，3. 问询台〉⑪换取过站登机牌。

谢谢！

Passengers taking [supplementary] ⑩flight ____② from ____① to ____①，attention please：

Please go to the [No. ____③] ⑩〈1. Counter，2. service counter，3. Information desk〉⑪to exchange your boarding passes for transit passes.

Thank you.

（e）候补旅客办理乘机手续通知

持［补班］⑩____②次航班候补票前往____①的旅客请注意：

请马上到____③号柜台办理乘机手续。

谢谢！

Ladies and gentlemen，may I have your attention please：

Stand-by passengers for [supplementary] ⑩ flight ____② to ____①，please go to counter No. ____③for check-in.

Thank you.

b. 登机类

（a）正常登机通知

［由____①备降本站］⑩前往____①的旅客请注意：

您乘坐的［补班］⑩____②次航班现在开始登机。请带好您的随身物品，出示登机牌，由____④号登机口上［____⑧号］⑩飞机。［祝您旅途愉快。］⑩

谢谢！

Ladies and Gentlemen，may I have your attention please：

[Supplementary] ⑩flight ____② [alternated from ____①] to ____①is now boarding. Would you please have your belongings and boarding passes ready and board the aircraft [No. ____⑧] ⑩through gate No. ____④. [We wish you a pleasant journey.] ⑩

Thank you.

（b）催促登机通知

［由____①备降本站］⑩前往____①的旅客请注意：

您乘坐的［补班］⑩____②次航班很快就要起飞了，还没有登机的旅客请马上由____④号登机口上［____⑧号］⑩飞机。［这是［补班］⑩____②次航班〈1. 第____⑦次，2. 最后一次〉⑪登机广播。］⑩

谢谢！

Ladies and gentlemen，may I have you attention please：

［Supplementary］⑩flight ____②to ____①［alternated from ____①］⑩will take off soon. Please be quick to board the aircraft［No. ____⑧］⑩through gate No. ____④.［This is the〈1. ____⑦, 2. final〉⑪call for boarding on［supplementary］⑩flight ____②.］⑩

Thank you.

（c）过站旅客登机通知

前往____①的旅客请注意：

您乘坐的［补班］⑩____②次航班现在开始登机，请过站旅客出示过站登机牌，由____④号登机口先上［____⑧号］⑩飞机。

谢谢！

Ladies and gentlemen，may I have your attention please：

［Supplementary］⑩flight ____②to ____①is now ready for boarding. Transit passengers please show your passes and board［aircraft No. ____⑧］⑩first through No. ____④.

Thank you.

c. 航班延误取消类

（a）航班延误通知

［由____①备降本站］⑩前往____①的旅客请注意：

我们抱歉地通知，您乘坐的［补班］⑩____②次航班由于〈1. 本站天气不够飞行标准；2. 航路天气不够飞行标准；3. ____①天气不够飞行标准；4. 飞机调配原因；5. 飞机机械原因；6. 飞机在本站出现机械故障；7. 飞机在____①机场出现机械故障；8. 航行管制原因；9. ____①机场关闭；10. 通信原因〉⑪〈1. 不能按时起飞；2. 将继续延误；3. 现在不能从本站起飞〉⑪，起飞时间〈1. 待定，2. 推迟到____⑤点____⑥分〉⑩。在此我们深表歉意，请您在候机厅休息，等候通知。［如果您有什么要求，请与［____③号］⑩〈1. 不正常航班服务台，2. 服务台，3. 问询台〉⑪工作人员联系。］⑩

谢谢！

Ladies and gentlemen，may I have your attention please：

We regret to announce that［supplementary］⑩flight ____②［alternated from ____①］to ____①〈1. can not leave on schedule；2. Will be delayed to ____⑤：____⑥；3. Will be further delayed［to ____⑤：____⑥］⑩；4. can not take off now〉⑪due to〈1. The poor weather condition at out airport；2. the poor weather condition over the air route；3. The poor weather condition at ____①airport；4. aircraft reallocation；5. the maintenance of the aircraft；6. the aircraft maintenance at our airport；7. the aircraft maintenance at the ____①airport；8. Air traffic congestion；9. the close-down of ____①airport；10. communication trouble〉⑪. Would you please remain in the waiting hall and wait for further information.［If you have any problems or questions，please contact with the〈1. Irregular flight service counter；2. service counter；3. Information desk〉⑪［No. ____③］⑩］⑩.

Thank you.

（b）所有始发航班延误通知

各位旅客请注意：

我们抱歉地通知，由于〈1. 本站天气原因；2. 本站暂时关闭；3. 通信原因〉⑪，由本站始发的所有航班都〈1. 不能按时；2. 将延误到____⑤点____⑥分以后〉⑪起飞，在此我们深表歉意，请您在候机厅内休息，等候通知。

谢谢！

Ladies and gentlemen，may I have your attention please：

We regret to announce that all outbound flights 〈1. can not leave on schedule；2. Will be delayed to ____⑤：____⑥〉⑪due to 〈1. the poor weather condition at ourairport；2. the temporary closedown of our airport；3. Communication trouble〉⑪. Would you please remain in the waiting hall and wait for further information.

Thank you.

（c）航班取消通知（出港类）

[由____①备降本站]⑩前往____①的旅客请注意：

我们抱歉地通知，您乘坐的 [补班] ⑩____②次航班由于 〈1. 本站天气不够飞行标准；2. 航路天气不够飞行标准；3. ____①天气不够飞行标准；4. 飞机调配原因；5. 飞机机械原因；6. 飞机在本站出现机械故障；7. 飞机在____①机场出现机械故障；8. 航行管制原因；9. ____①机场关闭；10. 通信原因〉⑩决定取消今日飞行，〈1. 明日补班时间；2. 请您改乘 〈1. 今日，2. 明日〉⑪ [补班] ⑩____②次航班，起飞时间〉⑪〈1. 待定；2. 为____⑤点____⑥分〉⑪。在此我们深表歉意。[请您与 [____③号] ⑩〈1. 不正常航班服务台；2. 服务台；3. 问询台〉⑪工作人员联系，[或拨打联系电话____⑨，]⑩我们将为您妥善安排。]⑩

谢谢！

Ladies and Gentlemen，may I have your attention please：

We regret to announce that [supplementary] ⑩flight ____② [alternated from ____①] ⑩to ____①has been cancelled due to 〈1. the poor weather condition at our airport；2. the poor weather condition over the air route；3. the poor weather condition at the ____① airport；4. aircraft reallocation；5. the maintenance of the aircraft；6. the aircraft maintenance at our airport；7. the aircraft maintenance at the ____①airport；8. air traffic congestion；9. the close-down of ____① airport；10. communication trouble〉⑪〈1. This flight has been rescheduled；2. you will take 〈1. today's；2. tomorrow's〉⑪ [supplementary] ⑪flight ____②〉⑪ [to tomorrow] ⑩ [at ____⑤：____⑥] ⑩. [Would you please contact with 〈1. irregular flight service counter；2. service counter；3. information desk〉⑪ [No. ____③] ⑩. [or call ____⑨.] ⑩We will make all necessary arrangements.] ⑩

Thank you.

（d）不正常航班服务通知

[由____①备降本站]⑩乘坐 [补班] ⑩____②次航班前往____①的旅客请注意：

请您到〈1. 服务台；2. 餐厅〉⑪凭〈1. 登机牌；2. 飞机票〉⑪领取〈1. 餐券；2. 餐盒；3. 饮料、点心〉⑪。

谢谢！

Passengers for [supplementary] ⑩ flight ____② [alternated from ____①] ⑩to ____①，attention please：

Please go to 〈1. service counter；2. restaurant〉⑪to get 〈1. a meal coupon；2. a meal box；3. the refreshments〉⑪ and show your 〈1. boarding passes；2. Air-tickets〉⑪ for identification.

Thank you.

2）进港类广播用语

进港类广播用语包括以下五种。

a. 正常航班预告

迎接旅客的各位请注意：

由____①〔、____①〕⑩飞来本站的〔补班〕⑩____②次航班将于____⑤点____⑥分到达。

谢谢！

Ladies and Gentlemen，may I have your attention please：

〔Supplementary〕⑩flight____②from____①〔、____①〕⑩will arrive here at____⑤：____⑥.

Thank you.

b. 延误航班预告

迎接旅客的各位请注意：

我们抱歉地通知，由____①〔、____①〕⑩飞来本站的〔补班〕⑩____②次航班由于〈1. 本站天气不够飞行标准；2. 航路天气不够飞行标准；3. ____①天气不够飞行标准；4. 飞机调配原因；5. 飞机机械原因；6. 飞机____①机场出现机械故障；7. 航行管制原因；8. ____①机场关闭；9. 通信原因〉⑪〈1. 不能按时到达；2. 将继续延误〉⑪，〈1. 预计到达本站的时间为____⑤点____⑥分；2. 到达本站的时间待定。〉⑩

谢谢！

Ladies and Gentlemen，may I have your attention please：

We regret to announce that〔supplementary〕⑩flight____②from____①〔、____①〕⑩〈1. can not arrive on schedule，2. will be delayed to____⑤：____⑥，3. will be further delayed〔to____⑤：____⑥〕⑩〉⑪due to〈1. The poor weather condition at our airport；2. the poor weather condition over the air route；3. the poor weather condition at____①airport；4. aircraft reallocation；5. the maintenance of the aircraft；6. the aircraft maintenance at the____①airport；7. air traffic congestion；8. the close-down of____①airport；9. communication trouble〉⑪.

Thank you.

c. 航班取消通知（进港类）

迎接旅客的各位请注意：

我们抱歉地通知，由____①〔、____①〕⑩飞来本站的〔补班〕⑩____②次航班由于〈1. 本场天气不够飞行标准；2. 航路天气不够飞行标准；3. ____①天气不够飞行标准；4. 飞机调配原因；5. 飞机机械原因；6. 飞机在____①机场出现机械故障；7. 航行管制原因；8. ____①机场关闭；9. 通信原因〉⑪已经取消。〔〈1. 明天预计到达本站的时间为____⑤点____⑥分；2. 明天到达本站的时间待定〉⑪。〕⑩

谢谢！

Ladies and Gentlemen，may I have your attention please：

We regret to announce that〔supplementary〕⑩flight____②from____①〔、____①〕⑩has been cancelled due to〈1. the poor weather condition at our airport；2. the poor weather condition over the air route；3. the poor weather condition at ＿＿①airport；4. aircraft re-allocation；5. the maintenance of the aircraft；6. the aircraft maintenance at the ＿＿①air-port；7. air traffic congestion；8. the close-down of ＿＿ ① airport；9. communication trouble〉⑪．［This flight has been rescheduled to〈1. tomorrow at ＿＿⑤：＿＿⑥，2. arrive〉⑪．］⑩

Thank you.

d. 航班到达通知

迎接旅客的各位请注意：

由＿＿①［、＿＿①］⑩飞来本站的［补班］⑩＿＿②次航班已经到达。

谢谢！

Ladies and Gentlemen，may I have your attention please：

［supplementary］⑩flight ＿＿②from ＿＿①［、＿＿①］⑩is now landing.

Thank you.

e. 备降航班到达通知

由＿＿①备降本站前往＿＿①的旅客请注意：

欢迎您来到＿＿①机场。您乘坐的［补班］⑩＿＿②次航班由于〈1. ＿＿①天气不够飞行标准；2. 航路天气不够飞行标准；3. 飞机机械原因；4. 航行管制原因；5. ＿＿①机场关闭〉⑪不能按时飞往＿＿①机场，为了您的安全，飞机备降本站。［请您在候机厅内休息，等候通知。如果您有什么要求，请与［＿＿③号］⑩〈1. 不正常航班服务台；2. 服务台；3. 问询台〉⑪工作人员联系。］⑩

谢谢！

Passengers taking［supplementary］⑩flight ＿＿⑧from ＿＿①to ＿＿①，attention please：

Welcome to ＿＿①airport. Due to〈1. the poor weather condition at ＿＿①airport；2. the poor weather condition over the air route；3. the maintenance of the aircraft；4. Air traffic congestion；5. the close-down of ＿＿①airport〉⑪，your flight has been diverted in our airport for your security.［Would you please in the waiting hall and wait for further in-formation. If you have any problems or questions，please contact with the〈1. irregular flight service counter；2. service counter；3. Information desk〉⑪［No. ＿＿③］⑩］⑩.

Thank you.

5. 例行类、临时类广播用语的说明

各机场根据具体情况组织例行类广播，并保持与中国民航局等有关部门的规定一致。

各机场根据实际情况安排临时类广播。当采用临时广播来完成航班信息类播音中未能包含的特殊航班信息通知时，其用语应与相近内容的格式一致。

第五节
候机楼商业零售服务

航站楼内的服务除了为旅客提供进出机场必不可少的行业服务以外，还应向旅客提供为

进出机场及候机楼所需要的周到、方便、舒适的服务等。机场正在成为集购物、餐饮、娱乐等多种经营活动为一体的产业平台。例如机场商店、餐厅、旅游服务、邮政、银行、通信等。随着世界经济的发展，人民生活水平的提高，机场的商业零售业已成为机场非航空业务收入的重要经济来源和增长点。航站楼零售业在整个非航空主营业务中占据重要位置，它是机场非航空主营业务收入的主要来源。

一、国外候机楼零售业的发展现状和特点

欧洲机场商业零售业是世界机场中的典范。商业零售是欧洲机场利润最主要来源，在机场发展中占据着十分特殊的地位。

与国内机场将机场零售视为"辅业"相比，各大国际枢纽机场均将零售业务提升到一定程度加以重视，这不仅是因为零售业务已成为它们的主要收入来源，更因为该项业务从战略角度加强了各机场的区域枢纽地位。例如希思罗机场商业零售已经占了整个机场收入的57%。欧洲各大机场商业零售收入占整个机场收入基本上都在50%以上。

机场零售业务利润较高，不仅直接增加了机场的经济效益，而且能产生充足的现金流，为机场改扩建项目提供资金支持（包括直接提供现金支持，或以现金流产生能力进行贷款担保）。

航空公司更愿意选择那些与它们品牌形象和市场定位相匹配的机场作为其基地机场。那些在零售方面定位准确、供应丰富的机场往往能吸引更多一流的航空公司，从而带来更多的客流，并步入良性循环，进一步增加机场的零售收入。

独特的零售模式甚至可使机场本身成为旅行目的地（机场到达区域的零售商区）。荷兰阿姆斯特丹的史基浦机场（Amsterdam Schiphol Airport）和新加坡樟宜机场（Singapore Changi Airport）就是这方面的成功典范。在这些机场，到港旅客经常因为只顾着购物而忘记了自己最初的旅行目的。樟宜机场在世界民航业内以卓越的经营管理和优质的服务著称，多次获得世界最佳机场的荣誉。环球免税集团（简称DFS）1978年开始与新加坡机场合作，努力为旅客提供一流服务，给旅客带来良好的机场购物体验，提升了机场的品牌形象。

二、候机楼商业零售服务市场分析

随着国内航空业的高速发展，旅客对在机场的消费有了越来越高的要求。而中国的机场零售收入仅占非航收入的1/3左右，总市场规模仅为4.5亿美元左右。中国大部分机场零售商业价值开发不足，至少一半的商业价值正在流失。本质上来讲，机场候机楼商业规划主要解决四个问题，即候机楼里应该卖什么商品；这些商品应在什么地方卖；由谁来卖；以及如何更好地卖出去，这四个问题分别对应的内容是通过消费者调研进行商品品类及业态规划、通过动线设计与地段价值评估确定商业布局，提升有效商业面积、经营模式选择及商家的持续管理、商业氛围营造及促销策略设计。

为早日实现机场候机楼零售业与国际化的接轨，在对新商业模式的设计中，"品牌战略"成了机场商业改造的重头戏。许多商家纷纷看中机场的发展前景，对候机楼的商业产生了浓厚的兴趣。

在对候机楼商业进行重新规划时，机场通过市场调查分析，对候机楼商业服务的门类、品种、店貌等进行了更加科学、合理地规划。对有意入驻的品牌商家在知名度、销售网络、市场诚信度等方面进行认真筛选，按照"专业经营、品牌经营，销售与广告有机结合"的原

则，根据不同的项目分别制定出严格的准入条件。尤其是烟酒、钟表、皮具等项目，除装修方案及效果图、各相关经营许可证之外，商家还必须取得厂家的经营授权委托，经营范围仅限于销售其厂家生产的系列产品，店堂招牌名称必须有厂家名称或产品名称等，从源头上杜绝假冒伪劣商品的进场。基于经营专业化、成本最小化、收益最大化的考虑，新商业模式采取招标、议标的方式，引进专业化的品牌公司，机场当局只负责机场商业资源的开发、管理及规划等。

三、完善机场商业服务功能

目前，我国的大型门户机场正在各方的关心和支持下努力向高质量、高标准的国际复合型航空枢纽建设目标迈进，在此过程中将带来巨大的新增客流，特别是国际客流总量的增长和客源结构的变化。另外，随着中转旅客构成的增多，旅客在机场逗留的平均时间将延长，这都为机场做好零售业发展规划奠定了基础，同时也提出了更高的要求。

随着人们生活水平的提高，以及枢纽运营模式的全球借鉴和采用，越来越多的人选择飞机作为商务旅行和私人度假出行的交通工具，人们也习惯于在机场选购具有品质保证的商品，特别是对物美价廉的免税商品更是情有独钟。机场禁区内外的商业设施，日益成为旅客特别是中转旅客对优秀机场应有服务的客观需求，成为旅客投票"我心目中最佳机场"的重要考虑因素之一。

思考与练习

1. 进出机场的主要交通方式有哪些？ 各有何利弊？
2. 候机楼的广播用语如何分类？
3. 简述问询岗位的工作流程。

第五章

售票服务

 学习目标

知识目标

了解民航计算机订座系统的组成和特点；了解世界上主要 CRS 的名称；理解旅客订座记录（PNR）的含义、组成；理解电子客票的特点；熟悉电子客票的样式；掌握购票证件和客票使用方面的规则。

技能目标

熟练掌握售票的程序和要求；能应用订座指令建立 PNR。

售票是旅客运输工作的重要程序，主要包括订座、出票及客票变更等服务。它是航空公司客运营销的主要工作和组织旅客运输的重要环节，其服务质量好坏直接关系到航空公司的经济效益和社会效益，因此健全售票服务工作系统，正确填开客票，准确核收票款，妥善处理疑难问题，是向旅客提供优质服务、满足旅客需求、提高经济效益的重要工作内容。

第一节
订座及订座系统

一、订座

1. 定义

订座是对旅客预定的座位、舱位等级或对行李的重量、体积的预留。旅客应该先订座后购票乘机。

旅客订座的途径主要有航空公司售票处、代理点、电话、网络、电报、信函办理等。

2. 订座的一般要求

（1）旅客订妥座位之后，凭该订妥座位的客票乘机。不定期客票应向承运人订妥座位后方能使用。

（2）已经订妥的座位，旅客应在承运人规定的时限内购票，否则座位不予保留。

（3）承运人可在必要时暂停接受某一航班的订座。

（4）承运人应按旅客订妥的航班和舱位等级提供座位。

二、订座系统

订座系统包括航空公司系统（ICS）和代理人分销系统（CRS）。航空公司系统有 20 多家国内航空公司在使用；代理人分销系统有 7000 家代理人约 25000 台终端在使用。

1. 计算机在民航订座系统中的应用

计算机在中国民航订座系统中的应用是从 1981 年开始的。首先应用的是销售业务部门。由于国际航班要参与国际航空市场的激烈竞争，必须使用计算机，否则会处于不利竞争地位，因此，中国民航租用了总部设在美国亚特兰大的 GABRIEL 系统进行了国际航班售票，直至 1985 年。1985 年，中国民航经国家有关部门批准，经过全面的选型和论证投资新建了

自己的订座网，年底正式运行。1986 年开始，以北京为中心，向全国各地辐射售票网点。1989 年 10 月 27 日，将原 GABRIEL 系统中的终端成功转接到中国民航自己的系统中，从而真正建立起中国民航自己的、分布于全球的计算机订座网络。

1993 年订座系统的功能得到了飞跃：自动出票系统全面投产。经过十几年的摸索、更新和升级，在 1995 年建成了民航卫星通信网，解决了困扰通信的"中枢神经"阻断问题，1996 年元月，中国民航建成了中国的代理人分销系统（CRS）。

自独立运行以来，到目前为止，中国代理人分销系统业务遍布中国境内 296 个通航城市，58 个境外城市，拥有代理商 5316 个，终端 2 万余台，合格上岗从业人员约 5 万人。目前该系统可以协议分销中国民航所有 21 家航空公司、非中国民航 195 家公司的航线航班（其中 11 家属于直接联结，184 家属于间接联结）。在非航空旅游产品的分销方面，目前有 297 个酒店、1 个租车公司、2 个大型旅行社可以通过该系统进行分销。在航空公司订座系统处理的所有旅客中，约 75% 是通过该分销系统销售实现的，另外 25% 左右则是通过航空公司订座控制系统实现的。

2. CRS 系统网络的主要特征

CRS（computer reservation system）即我们使用的代理人机票售票系统。CRS 主要功能是为代理人提供航班可利用情况查询、航段销售、订座记录、机上座位预订等服务。CRS 作为代理人分销业务开展的目的：一是为航空代理商提供全球航空航班的分销功能；二是为代理商提供非航空旅游产品的分销功能；三是为代理商提供准确的销售数据与相关辅助决策分析结果。

基于这个目的，从 CRS 的组成上，它是一个覆盖广大地域范围的计算机网络。该网络主要有以下特征：

（1）实时性　网络上的终端从提交命令到得到结果应答，这段响应时间一般不超过 3 秒。

（2）不间断性　由于 CRS 覆盖的地域十分广泛，一天 24 小时内，任何时间网络上都有终端在工作，因此，系统运行在任何时间都不能中断。

（3）高可靠性　系统中的数据在任何意外情况下都不能被破坏，为此系统实行了多套主机、随时备份等措施。

一方面，通过 CRS，分布于世界各地的销售代理都可以使用网络的终端来出售机票及旅行产品；另一方面，航空公司通过将自己的营运数据投入 CRS 中销售，可在最大限度的区域中销售自己的航班座位，同时通过有效的座位控制，可提高航班座位利用率和商业利益。

3. CRS 系统提供的服务

CRS 系统发展到今天，已经具备了非常完备的功能，包括中国民航航班座位分销服务、国外民航航班座位分销服务、BSP 自动出票系统服务、运价系统服务、常旅客系统服务、机上座位预订服务、各类等级的外航航班分销服务、旅馆订房等非航空旅游产品分销服务、旅游信息查询系统服务、订座数据统计与辅助决策分析服务等。一般来说，CRS 系统的模式如图 5-1 所示。

通过未来对代理人分销系统的建设，中国航空信息集团（简称中国航信）的代理人分销系统将发展成为服务于整个航空及旅游业的一个通用系统。除了原有的航空运输业外，旅

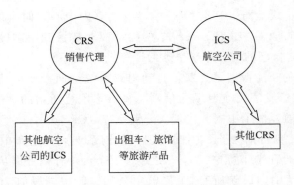

图 5-1　CRS 系统的模式

馆、租车、旅游公司、铁路公司、游轮公司等的产品分销功能也将容纳到代理人分销系统中来，使中国航信的代理人分销系统能够提供一套完整的旅游服务。经过技术与商务的不断发展，中国航信的代理人分销系统将能够为旅行者提供及时、准确、全面的信息服务，满足消费者旅行中包括交通、住宿、娱乐、支付及其他后续服务的全面需求。

4．编目航班控制系统（ inventory control system， ICS ）

编目航班控制系统是航空公司航班管理系统，为航空公司专用。

5. CRS 与 ICS 系统的关系

（1）ICS 与 CRS 的区别　ICS 系统的服务对象为航空公司的航班与座位控制人员和航空公司市场与营运部门的管理人员；CRS 系统的服务对象为从事订座业务的销售代理人员和航空公司中部分从事销售的人员。

CRS 系统如何销售航空公司的座位是由 CRS 与 ICS 的技术联结方式及商务协议决定的。

（2）ICS 与 CRS 的联系（图 5-2）　硬件、软件及其数据库相互独立，但紧密联结；数据传递实时进行；保证数据传输的准确性和匹配性；共享网络系统。

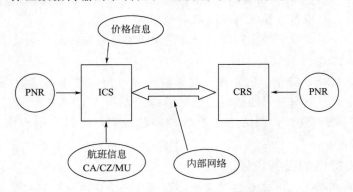

图 5-2　ICS 与 CRS 的联系

（3）CRS 与 ICS 系统之间的技术连接方式　CRS 与 ICS 系统之间存在不同等级的连接方式，以及 CRS 内部不同的连接等级，由此使得它们之间传递数据的时候有着不同的影响。

ICS 加入 CRS 的协议等级主要有如下几种方式：无协议级、AVS 级、直接存取级、直接销售级（按由低到高顺序）。

① 无协议级　CRS 无法知道 ICS 中的航班状况，只能通过拍发电报用 NN 向 ICS 申请

座位。

② AVS 级 CRS 根据 ICS 的 AVS 报（航班可利用状态报）修改系统中航班可利用状态信息，故 CRS 中航班座位状况显示（指令代号为 AV）的是 CRS 中的状态，而不是到 ICS 中直接提取，这样，AV 显示的信息不与 ICS 中一致，即该显示信息不是实时的、准确的，所以在 CRS 中的订座有可能被拒绝。

③ 直接存取级 CRS 通过 ICS 发来的电报或直接从 ICS 中存取信息得到准确的 ICS 座位可利用状态，据此订座，所订座位 ICS 予以保证。

④ 直接销售级 CRS 通过 ICS 发来的电报或直接从 ICS 中存取信息得到准确的座位可利用信息，据此订座，每订一个新航段，CRS 都会将信息传给 ICS，ICS 根据当时航班的实际情况决定是否证实，一旦证实，ICS 系统会将此座位保留，等待 CRS 完成全部 PNR（旅客订座记录）。因此直接销售不会造成超订。

中国 CRS 与中国 ICS 的技术连接方式是无缝存取级，它是直接销售级中的最高级别，也是世界上最先进的连接方式。

航空公司的座位管理人员，借助于 ICS 与 CRS 的实时连接，可完成如下功能：各类 PNR 的提取，座位确认、取消、修改 PNR 中的航段；随时向 CRS 拍发航班状态更改电报；可针对 CRS 中的具体订座部门进行座位销售的分配与限制。

由于 CRS 系统可以与国外航空公司的 ICS 系统连接，而 ICS 系统也可同国际上的大 CRS 系统连接，这样就可以将我国的航空市场推向世界，如图 5-3 所示。

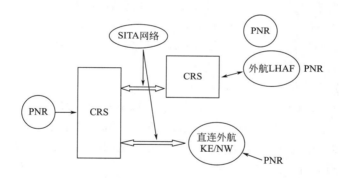

图 5-3 中国航空信息集团 CRS 与国外航空系统连接的系统格局图

6. 世界各大 CRS 名称及标识

世界各大 CRS 名称及标识见表 5-1。目前在我国国内的外航服务公司，使用比较普遍的是 GALILEO 和 AMADEUS 这两大计算机订座系统。

表 5-1 世界各大 CRS 名称及标识

地区	CRS 名称	标识	地区	CRS 名称	标识
美国	SABRE	1W	东南亚	AMACUS	1B
	WORLDSPAN	1P	日本	INFINI	1F
	GETS	1X		AXESS	1J
欧洲	AMADEUS	1A	中国	CRS	1E
欧美	GALILEO	1G	韩国	TOPAS	1T

三、旅客订座记录

PNR 是旅客订座记录 Passenger Name Record 的英文缩写。它是一组记录了旅客姓名、旅行地点、时间、联系电话等各种信息的记录，它是通过计算机信息管理中心提供的旅客订座服务系统的有关指令来完成的。它反映了旅客的航程、航班座位占用的数量及旅客信息。

PNR 最主要的作用是订座，还可以打票、建立常客信息、订旅馆，以及提供其他相关信息。

PNR 建立主要包括以下内容：

（1）姓名组 NM（Name）　姓名组是组成旅客订座记录（PNR）必不可少的组项，它记录了旅客姓名、所订座位数、称谓、特殊旅客代码等内容。

NM：座位数/该姓名的订座总数旅客姓名（特殊旅客代码）。

（2）航段组 SD（Segment）　代理人对航班座位进行实际销售是由建立航段组来完成的。航段组按其提供信息的性质分为四种情况：可采取行动的航段组、提供到达情况航段组、到达情况不明航段组、不定期航段组。

对于可采取行动的航段组（Actionable），通常有两种方法可以申请航班座位。

直接建立航段组 SS 是在营业员知道待订航班的所有信息如航班号、日期、航段、舱位、座位数及起飞时间的情况下建立起来的。

SS：航班号/舱位/日期/航段/行动代码/订座数/起飞时间到达时间。

间接建立则需要先将航班信息提取出来，再根据旅客的要求选择适当的班次。

SD：航段序号/舱位等级/行动代码/订座数。

（3）联系组 CT（Contact）　主要提供旅客或代理人的联系地址、方式，方便查询代理人及旅客信息。输入格式由用户决定。

CT：城市代码/自由格式文本/旅客标识。

（4）出票组 TK（Ticket Status）　出票情况有以下几种类型：T——已出票；TL——出票时限；TT——电传出票；AT——机场出票；WC——旅客自己取票；MT——邮寄出票。

旅客已经订妥的座位，应在承运人规定或预先约定的时限内购买客票，承运人对所订座位在规定或预先预约的时限内应予以保留。一般情况下，承运人将保留无限制条件票价的航班的座位。承运人此时约定的出票时间限制起飞前 2 天的中午 12 点前，旅客必须购票，如果旅客未在该规定的时间限制内购买客票，所预订的座位将被取消。对于有特殊限制条件的航班的座位，一般情况下，航空公司都不允许旅客预先订座，而采用随定随售的方法。对于超过预订时间限制的航班的座位，航空公司将予以取消，以利于航班座位的再次销售，提高座位的利用率。

PNR 中输入出票时限。

TK：TL/时间/日期/出票部门；例如，TK：TL/1800/25MAY/SZX637。

（5）特殊服务组 SSR　代理人记录旅客在旅行中需要的特殊服务，并依此与航空公司进行信息交换。特殊服务包括：特殊餐食；常客信息；无人陪伴儿童等内容。这些内容都需要营业员手工输入来建立。常见的特殊服务和特殊餐食代码有：

盲人乘客 BLND

婴儿摇篮 BSCT

额外的座位 EXST

常旅客信息 FQTV

担架旅客 STCR

客舱占座行李 CBBG

轮椅旅客 WCHC（C 表示客舱座位）

轮椅旅客 WCHS（S 表示客梯）

轮椅旅客 WCHR（R 表示客机停机坪）

糖尿病餐 DBML

高纤维餐 HFML

溃疡餐 ULML

水果餐 FPML

海鲜餐 SFML

儿童餐 CHML

沙拉餐 SALADMEAL

低胆固醇/低脂餐 LFML

低盐餐 LSML

低蛋白质餐 LPML

纯斋菜（也叫严格素食，不含牛奶、蛋制品）VGML

婴儿餐 BBML

穆斯林餐（清真餐）MOML

SSR：服务类型代码/航空公司代码/行动代码/需要该项服务的人数/航段/自由格式文本/旅客标识/需要该项服务的航段序号。

（6）备注组 RMK　用来记录某些可能有助于了解旅客情况的信息。

（7）其他服务信息组 OSI　提供不需立即回答的服务情况，相应的电报或 QUEUE（指航空公司发的通知、提示等）将会出现在航空公司的有关部门。

上述项目中，姓名组、航段组、联系组、出票情况组由于记录了最必要的信息，因此是建立 PNR 必须包括的项目。在修改或建立新的 PNR 时，用封口指令@，使修改或建立的 PNR 生效。在封口之前，PNR 虽然显示在屏幕上，但并未正式生效，只有封口后，才可以继续建立其他记录。关于 PNR 的详细指令，可参阅订座业务手册。

预订 PNR 的建立

旅客赵××预订北京至广州 11 月 3 日 CZ3102 航班 Y 舱的机票一张。

在 CRS 系统中已建立的预订 PNR，显示如下：

（1）赵××.QY80P（姓名组）

（2）CZ3102 Y SA03OCT PEKCAN HK1 1210 1435（航段组）

（3）BJS/T BJS/T 010-60123456/ABC CO. LTD. /ABCDEFG

（4）TL/1205/01OCT/BJS999（出票组）

（5）OSI CZ CTC13612345（联系组）

（6）RMK CA/BSRHL

（7）BJS999（责任组）

说明：第（1）项中的 QY80P 为代理人系统（CRS）的记录编号；

第（6）项中的 BSRHL 为航空公司系统（ICS）的记录编号；

第（3）项中的内容为代理点名称及电话号码。

此三项内容均为订座时电脑自动生成。

四、航空公司电子商务平台

代理人除了使用 CRS 系统作为销售平台外，近年来各航空公司也纷纷推出自己的电子商务平台，兼有销售及商务推广的功能。

航空公司电子商务平台一般根据使用对象分为两种，一种为供代理人使用的 B2B（BUSINESS TO BUSINESS）系统，另一种为供旅客使用的 B2C（BUSINESS TO CLIENT）系统。航空公司电子商务平台的最大特点是操作简单、方便，用户不必记忆大量的操作指令，而是直接在网页上点击相关的选项即可完成客票的销售、变更以及退票等操作。

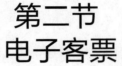

第二节
电子客票

一、概述

民航业作为最早使用信息技术的行业之一，始终在不断地使用信息技术推进行业内部的信息化发展。

1994 年，世界上第一张电子客票在美国诞生，以其使用便利、防丢防假、印制运输管理成本大大降低和结算速度显著提升等突出优势迅速占领市场。根据国际航空运输协会（IATA）全球实施电子机票的统一部署，从 2008 年 6 月 1 日起，包括中国在内的全球机票代理机构将全面停售纸质机票。国际航空运输协会于 2004 年 6 月开始推行电子客票，该计划启动时，全球只有 18% 的机票是电子客票，而目前 IATA 庞大的会员航空公司中，已经 100% 可以销售电子客票。这标志着通过近几年的努力，民航客票电子化计划取得了成功。目前，国际上航空公司直销普遍采用电子票方式，代理人电子票销售的比例也已达到了 100%。专家指出，电子客票是今后航空公司在客票销售方面的主要发展趋势。

二、电子客票的定义

电子客票（Electronic Ticket，简称 ET）是由承运人或代表承运人销售的，一种不通过纸票来实现客票销售、旅客运输以及相关服务的有价凭证。它是普通纸质机票的一种存在于计算机系统内的电子映像，是一种电子号码记录，是纸质客票的电子替代产品。

三、标准电子客票的样式

1. 提取电子客票票面信息的指令

主要有以下四种方式：

（1）指令格式 DETR　CN/ICS 记录编号；

（2）指令格式 DETR　TN/13 位票号；

（3）指令格式 DETR　NI/身份信息；

（4）指令格式 DETR　NM/旅客姓名。

例如，用票号提取电子客票票面信息。输入指令：DETR：TN/999-5963308647，电子客票的样式如下所示。

ISSUED BY：AIR CHINA　　　ORG/DST：BJS/TAO　　　BSP-D

E/R：不得签转

TOUR CODE：

PASSENGER：测试

EXCH：CONJ TKT：

O FM：1PEK CA 1501 H 15NOV 1825 OK H 20K OPEN FOR USE

RL：CF4MY/T70VF lE

TO：TAO

FC：15NOV06PEK CA TAO 570.00 CNY570.00END

FARE：CNY 570.00｜FOP：CASH

TAX：CNY 50.00CN｜OI：

TAX：｜

TOTAL：CNY 630.00｜TKTN：999-5963308647

在这张电子客票的样本中，我们可以找到目前使用的 TAT 票上的大部分信息。

2. 电子客票票面说明

如图 5-4 所示。

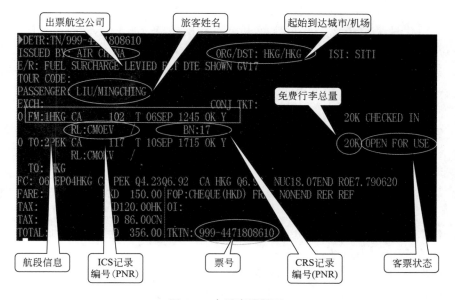

图 5-4　电子客票票面

例如，ET：标识，BSP-D：BSP 电子客票——国内，BSP-I：BSP 电子客票——国际，ARL-D：航空公司本票电子客票——国内，ARL-I：航空公司本票电子客票——国际。

3. 电子客票栏目说明

（1）旅客姓名（NAME OF PASSENGER） 按旅客身份证和"旅客订座单"上的全名填写。中国旅客按中文习惯填写姓名。如果是外国旅客，按英文大写字母填写，应先写姓，然后划上一"/"线，之后写名或名的字首及适当的称呼，如先生（MR）、夫人（MRS）、小姐（MISS）。特殊旅客在姓名后应跟随相应代码，例如儿童 CHD。

（2）航程（FROM/TO） 将航程的始发地地名填入"自"（FROM）栏内，然后按照旅客旅程顺序，把到达地点填入以下各"至"（TO）栏内。

（3）承运人（CARRIER） 填写各航段已经申请或订妥座位的承运人的两字代码。

（4）航班号/等级（FLIGHT/CLASS） 填写已订妥或已申请座位的航班号。

（5）出发日期（DATE） 填写乘机日期和月份，日期以两个阿拉伯数字表示，月份以英文三字代码表示。

（6）出发时间（TIME） 采用 24 小时制填写。如上午 8 时 10 分填写为 0810。

（7）订座情况（STATUS） 用代号填写出售客票时的相关航段的订座情况。订座情况代号如下。

OK：已订妥座位；RQ：已申请或候补；NS：不占座；SA：等候空余座位；OPEN：不定期。

（8）运价类别（FARE BASIS） 填写按旅客要求已订妥或已申请座位的等级代号。如头等舱 F、公务舱 C、经济舱 Y 等。

（9）在……之前无效（NOT VALID BEFORE）。

（10）在……之后无效（NOT VALID AFTER）。

（11）免费行李限额（ALLOW） 根据旅客所持客票的票价类别和座位等级分别填写规定的免费行李额，以千克计算。如头等舱（F）免费行李额 40 千克、公务舱（C）免费行李额 30 千克、经济舱（Y）免费行李额 20 千克。

（12）旅游代号（TOUR CODE） 填开个人或团体综合旅游票价的客票时，在本栏内填写综合旅游的正式编号，无代码可不填。

（13）运价计算区（FARE CALCULATION AREA） 填写票价的计算过程。

（14）运价（FARE） 填写货币代号（CNY）及票价总额。免费客票的本栏填写"FOC"。

（15）实付等值货币运价（EQUIVALENT FARE PAID）。

（16）税费（TAX/FEE/CHARGE） 国内客票此栏目前包括旅客机场建设费 CN 和国内航线燃油附加费 YQ。

（17）总金额（TOTAL） 填写货币代号及票价总额。在总金额前加上货币代号"CNY"。

（18）付款方式（FORM OF PAYMENT） 填入旅客的付款方式，如现金 CASH、支票 CHECK、信用卡代码及号码。

（19）始发地/目的地（ORIGIN/DESTINATOIN）。

（20）航空公司记录/订座记录编号（AIRLINEDATA/BOOKING REFERENCE） 将旅客的订座记录编号（PNR）填入本栏。如 CH2WZ。

（21）签注/限制（ENDORSEMENTS/RESTRICTIONS） 填写航班的订座情况或特别注意事项。根据承运人要求填写。例如填写不得签转、退票等字样。

（22）换开凭证（ISSUED IN EXCHANGE FOR）　填写据以换开客票的原客票的号码。

（23）原出票栏（ORIGINAL ISSUE）。

（24）连续客票（CONJUNCTION TICKETS）　在全航程连续使用几本客票时，应在每本客票的本栏内填写各本客票的客票号码。连续客票必须用相同的票证代号，并且按序号顺序衔接使用。客票应按航程顺序订在一起使用。不能使用不同联数客票组成连续客票。具体填写方法是列明第一本客票的全部客票号码，然后加列其他各本续后客票号码中序号的最后两个数字，中间用"/"隔开。例如，填开中国国际航空公司两本连续客票 999-1036098521，1036098522，在本栏填写"999-1036098521/22"。

（25）出票日期、地点和出票人（DATE AND PLACE OF ISSUE-AGENT）　注明开票地点、日期及开票员的全名，并另盖业务章。

四、电子客票的特点及优势

1. 电子客票的主要特点

（1）电子客票实际上是普通纸制机票的一种电子映像，是传统机票的一种替代品。纸票将相关信息打印在专门的机票上，而电子客票则将票面信息存储在出票航空公司电子票数据库记录中。

（2）电子客票可以像纸票一样，执行出票、作废、退票、换开等操作。营业员可以随时提取电子客票，查看客票的信息。

（3）旅客不需要携带纸制的凭证，只要出示有效的身份识别证件就可以办理乘机手续。电子客票采用全部电子化的结算流程，不需要纸制的票联就能结算。

（4）电子客票行程单是指旅客购买空运企业民用航空运输电子客票的付款凭证或报销凭证，同时具备提示旅客行程的作用。包含旅客姓名、航程、航班、旅行日期、起飞及到达时间、票号等内容（见图 5-5）。旅客通过行程单了解或要求变更旅行的信息。行程单采用一人一票制，不作为机场办理乘机手续和安全检查的必要凭证使用。

图 5-5　"航空运输电子客票行程单"票样

"航空运输电子客票行程单"纳入发票管理范围，由国家税务总局负责统一管理，套印国家税务总局发票监制章。经国家税务总局授权，中国民用航空局负责全国"航空运输电子客票行程单"的日常管理工作。

2. 电子客票的优势

电子客票之所以能在短时间内快速发展并得到航空公司和旅客的青睐，其主要在于它具备了相对传统纸制机票诸多的优势。与普通客票相比，电子客票的优势有：

（1）在提供服务方面　电子客票为航空公司和乘客带来了诸多利益。对于乘客，有更多的选择和便利；旅客可通过互联网购买机票和用银行卡支付票款，无需再到售票柜台去付款；不需送票、取票，直接到机场凭有效身份证件办理乘机手续。对于航空公司，可以更加有效地降低成本、节省时间，实现票证管理的电子化。同时，也便于航空公司开展个性化服务。

（2）在成本方面　使用纸票的成本包括印刷费、运输费、保管费、回收费、人工统计费、人工结算费等，纸票成本将近30元，而使用电子客票成本可节约2/3以上。电子客票不需要机票打印设备，也可以为航空公司节约固定成本。根据国外航空公司的统计，电子客票的营销成本仅为纸票成本的10%左右。

（3）在安全方面　纸票容易丢失、损坏。一旦丢失、遗忘就无法登机。电子客票存储在订座系统中，不存在客票造假和遗失客票的情况。此外，纸票可能被涂改、伪造，电子客票则不存在类似的问题。任何对于电子客票的修改操作都将在订座系统中有专门记录，可以随时查询。电子客票也不会因为打印字迹模糊等原因而影响旅客使用。

（4）在管理便利性方面　纸票需要复杂的管理过程，票证的印刷、分发、监督、回收都需要大量的人力、物力。电子客票有统一、方便的票证管理系统，通过电子数据进行票证管理，使管理更加便利、高效。

（5）在环保方面　使用电子客票不会消耗纸张，也就不会有垃圾等污染物产生。不需要打印，也就避免了打印造成的噪声污染，有利于实现无纸化办公。

与此同时，我们也要看到，电子客票的流程与业务也具有与纸票基本相同的复杂性。因为它的使用也涉及运输、市场、安检、财务、结算、常客等多个业务部门和职能部门电子客票系统与航空公司的订座系统、运价系统、离港系统、财务系统、结算系统、常客系统和银行支付系统等多个计算机系统直接相关，同时也与客运的相应业务和服务直接相关，有关的运作是一个相当复杂的过程，必须有足够的系统支持，以保证实现电子客票生命周期内的全程管理。

第三节
售票服务流程

一、购票的证件

旅客购票凭本人有效身份证件或公安机关出具的其他身份证件，并填写"旅客订座单"。"有效身份证件"指旅客购票和乘机时必须出示的由政府主管部门规定的证明其身份的证件。

1. 购票证件的一般规定

（1）身份类证件　本人有效居民身份证或有效护照或公安机关出具的其他有效身份证件。

（2）护照类证件　外国人、华侨、港澳同胞、台湾同胞、外籍华人购票，须出示有效护照、回乡证、台胞证、居留证或公安机关出具的其他有效身份证件。

（3）军人类证件　法定不予颁发或尚未领取居民身份证的人民解放军、人民武装警察官兵及其文职干部、离退休干部，可以使用军官证、警官证、士兵证、文职干部或离退休干部证明。

（4）未成年人证件 16周岁以下未成年人购票乘机，可使用学生证、户口簿。12周岁以下儿童出票凭户口簿，婴儿票应提供出生证。

购买儿童票、婴儿票，应提供儿童、婴儿出生年月的有效证明。儿童按照同一航班成人普通票价的50％购买儿童票，提供座位。婴儿按照同一航班成人普通票价的10％购买婴儿票，不提供座位；如需要单独占座位时，应购买儿童票。每一成人旅客携带婴儿超过一名时，超过的人数应购儿童票。

2. 购票证件特殊情况下的处理

（1）尚未领取居民身份证或士兵证的，可使用当地公安机关或所在部队出具的临时身份证明。临时身份证明应贴有本人近期免冠一英寸照片，写明姓名、性别、年龄、工作单位、有效日期并加盖公章。

（2）急病、伤患者和陪同的医护人员及家属，急需乘机转赴外地治疗，但又不能出示居民身份证，可凭医院证明，经运输航空公司、机场最高值班领导批准，予以购票，办理乘机手续。

（3）中央部、局级，地方省、直辖市级负责同志因紧急事务，未带身份证件乘坐其他交通工具外出或返回时需要乘坐飞机者，可凭有关接待单位出具的证明，予以售票，经过安全检查放行乘机。

（4）为了方便一些年龄已高的老年人乘坐飞机外出旅行、探亲，凡无身份证件者，可凭接待单位，本人原工作单位或子女配偶工作单位（上述单位必须是县团级以上），或现居住地户籍管理部门出具证明，予以售票，经过安全检查放行乘机。

（5）国家机关工作人员因故外出不在单位所在地，而其单位又急需为其预购机票，可凭所在单位出具的证明信和购票人员身份证件予以购票。但在办理乘机手续时，必须核查居民身份证或上述所列有效身份证明。

（6）凡经国家批准的有突出贡献的中、青年科学技术管理专家，外出工作参加学术会议等，可凭中华人民共和国人事部颁发的"有突出贡献中青年科学家证书"，在全国各地的民航售票处优先购买机票。

（7）省、部级（含副职）以上的重要旅客，如无居民身份证，可凭购票介绍信和省部级（含）以上单位出具的身份证明信予以购票，办理乘机手续。

（8）持中国民航局出具的免票、购买1/4票乘机介绍信（由中国民航局办公厅出具的写有乘机人姓名、单位、职务、乘机航程、事由等项内容）的旅客，购票时须持本人居民身份证。

（9）全国人民代表大会代表、全国政协委员，凭本届全国人民代表大会代表证、全国政协委员证予以售票。

（10）旅客的居民身份证被盗或丢失的，凭报失地公安机关或机场公安机关出具的临时身份证明或临时登机证明予以售票，办理乘机手续。

二、售票的流程

1. 领取票证

凭"票证领取单"领取空白票证，与财务人员当面点清数量，核准后双方在票证登记本上签字，领取的票证须妥善保管，每日清点并做好交接工作。如有遗失，及时上报。

2．准备业务用品

准备好售票所需的工作用笔、订书机、复写纸、销售日报、营业用章、空白票证及"退票、误机、变更收费单"等业务用品。

3．测试订座电脑

测试订座电脑终端机，输入工作号。

4．检查购票证件

接受旅客填写的订座单，检查是否按规定格式填写，检验旅客有效身份证件，核对旅客姓名、身份证号码与订座单填写是否相符。

5．接受订座

按旅客订座单上的航班、地点、日期，正确完整地建立旅客订座记录。对重要旅客等特殊旅客须注明情况。

6．填开客票

客票应按顺序号使用。按照旅客订座记录的内容打印客票。要求打印清晰、内容完整、代号规范、票价正确；打印后应与 PNR 核对。填开客票后，将客票号码填入旅客订座单。

旅客购买联程、中途分程或来回程客票，应检查是否订妥续程或回程航班的座位，订妥座位方可售票。

向旅客收取票款，将客票交与旅客。

7．向旅客交代有关事项

（1）将客票交与旅客，请旅客看清客票上记载的有关内容，并说明乘机日期、离站时间、机场名称、何时到机场办理乘机手续。

（2）如旅客搭乘的航班及规定离站时间与对外公布的班期时刻表有误差时，应提醒旅客注意，以免误机。

（3）联程、中途分程或回程旅客，需办理座位再证实手续的，应告知其到联程、中途分程或回程站时，与当地民航联系办理座位再证实手续。

三、客票的使用

1．客票使用的一般规定

（1）每一旅客，包括按适用正常票价 10％及 50％付费的婴儿和儿童，都要单独持本客票。

（2）客票为记名式，只限客票所列姓名本人使用，不得转让，否则客票作废，票款不退。

（3）客票上列明的旅客不是该客票的付款人时，应根据付款人要求在客票上的"签注"栏列明退票限制条件，如退票仅退给付款人或其指定人等。

（4）旅客应在客票有效期内，完成客票上列明的全部航程。

2．客票的有效期和延长

（1）正常票价客票的有效期自旅行开始之日起一年内运输有效。如果客票全部未使用，则从填开客票之日起，一年内运输有效。

（2）有效期的计算，从旅行开始之日或填开客票之日的次日零时起至有效期满之日的次日零时为止。例如，2002 年 2 月 1 日为旅行开始日或填开客票之日，客票有效期从 2002 年

2月2日零时开始至2003年2月2日零时为止。

（3）变更后客票的有效期仍以变更前客票的有效期为准。

（4）特种客票的有效期，按照承运人规定的票价限制条件的有效期计算。

（5）客票有效期的延长

① 由于承运人的下列原因之一，造成旅客未能在客票有效期内旅行，其客票有效期将延长到承运人能够按照该客票已付票价的舱位等级提供座位的第一个航班为止。

a. 取消旅客已经订妥座位的航班；

b. 取消航班约定经停地点中含有的出发地点、目地点或中途分程地点；

c. 未能在合理的时间内按照航班时刻进行飞行；

d. 造成旅客已订妥座位的航班衔接错失；

e. 更换了旅客的舱位等级；

f. 未能提供事先已订妥的座位。

② 持正常票价客票或与正常票价客票有效期相同的特种票价客票的旅客未能在客票有效期内旅行，是由于承运人在旅客订座时未能按其客票的舱位等级提供航班座位，其客票有效期可以延长至承运人能够按照该客票已付票价的舱位等级提供座位的第一个航班为止，但延长期不得超过7天。

③ 已开始旅行的旅客在其持有的客票有效期内因病使旅行受阻时，除承运人对所付票价另有规定外，承运人可将该旅客的客票有效期延长至根据医生诊断证明确定该旅客适宜旅行之日为止；或延长至适宜旅行之日以后承运人能够按照旅客已付票价的舱位等级提供座位的自恢复旅行地点的第一个航班为止。

④ 如旅客在旅途中死亡，该旅客陪同人员的客票可用取消最短停留期限或延长客票有效期的方法予以更改。如已开始旅行旅客的直系亲属死亡，旅客（包括与旅客随行的直系亲属）的客票也可予以更改。此种更改应在收到死亡证明之后办理，此种客票有效期的延长不得超过死亡之日起45天。

3. 超售

航空公司在售某一航班机票时，通常会超过座位总数多售出一定比例的机票，这叫作机票超售。其主要原因是已购买机票的旅客由于各种原因会出现"no show（无显示）"的情况，航空公司担心座位会浪费，因此会有一些超售。对于超售，航空公司应该控制超售机票比例，并做好善后补偿工作，将本公司的效益最大化和社会责任感有效结合起来。

4. 航班的衔接时间

联程航班衔接时间限制：一般情况，纯国内航班衔接不得少于2小时。特殊情况下可适当延长，例如上海的虹桥国际机场和浦东国际机场之间的航班衔接，考虑到地面交通的问题，一般需要延长至3小时。国际转国内或国内转国际不得少于3小时。转换机场的时间将依据具体情况适当延长。

 案例分析

客票状态有误，旅客不能正常成行

王先生通过代理人购买了某航2012年4月26日深圳-武汉航班客票。王先生乘机当天按时到达机场办理乘机手续时，值机柜台工作人员告知无法查询到购票记录，故无法办理乘

机手续。后其联系代理答复：客票已订购成功。王先生表示同时购买了 4 月 26 日回程航班的特价客票，由于去程不能正常成行导致回程航班客票作废，无法办理退票。

　　分析：旅客购票后由于代理人未将旅客客票定妥，导致客票状态不正常而未能成行。值机员发现后与旅客沟通时，旅客表示在自助值机也无法办理登机牌，工作人员告知其客票未定妥让其联系售票处，后证实由于系统传输过慢，导致旅客客票状态没有及时显示正常状态。

思考与练习

1. CRS 系统和 ICS 系统有何联系？

2. 什么是 PNR？它有哪些组成项目？

3. 什么是电子客票？电子客票有哪些优势？

4. 简述售票的流程和一般规定。

5. 旅客购票的有效证件有哪些？

6. 客票的有效期是怎样规定的？

7. 能力项目训练

姓名：刘芳；身份证号码：432102198712055187；电话：13784886589；行程：2 月 12 日合肥——成都；舱位等级 Y；Office 号：bjs123。

　　要求：（1）根据以上信息为旅客建立 PNR。

　　　　　（2）针对工作情景设计服务对话。

第六章

值机与行李服务

学习目标

知识目标

了解值机岗位工作流程；了解民航值机的主要方式；理解值机服务的时间规定；了解值机服务柜台的种类；掌握办理旅客乘机手续的步骤及其要求；明确值机服务人员岗位职责；熟悉行李运输的一般规定；掌握行李收运的流程；了解行李赔偿的相关规定。

技能目标

能准确判断旅客的行李是否符合相关的运输规定；应用相关规定处理行李运输过程中出现的行李运输不正常等问题；培养学生认真、仔细的工作态度；能为旅客办理乘机手续。

第一节
值机服务基础知识

一、值机服务人员

1. 值机员

值机员是指在航空公司中根据计算机 CKI 系统设置的或载重平衡员提供的客舱座位分布方案，安排旅客座位，发放登机牌，办理行李托运的地面工作人员，在航班起飞前，及时准确统计航班旅客、行李数据，不迟于航班预计离站前 25 分钟关闭航班或报告业载。

2. 值机人员岗位职责

（1）普通值机员岗位职责

① 为旅客办理值机手续；

② 核实航班相关数据归档并拍发各类业务电报，填制航班相关报表；

③ 负责晚到旅客的召集工作及对候补旅客的处理；

④ 将航班中出现的特殊情况及时报告值班主管；

⑤ 负责航班关闭后拍发业务电报；

⑥ 航班不正常时协助值班主任做好航班保障工作；

⑦ 根据航班机型、机号及订座情况，初始、开放当日始发航班，并做好离港控制工作及有关航班关闭的交接工作；

⑧ 负责航班候补座位控制及相关工作；

⑨ 根据载重平衡室对航班座位要求填制控制室航班控制表，控制航班座位分配；

⑩ 根据过境、过站航班的占座报锁定座位；

⑪负责处理离港各类业务电报。

（2）值班主管岗位职责

① 负责值机室全面管理工作，合理组织、指挥出港航班旅客值机与相关服务工作，为航班正常运行提供有效保障；

② 组织并拟订值机室有关工作程序、标准和规章，监督并指导实施；

③ 指导安排本室各岗位业务分工，制订并落实本室工作计划，及时布置各组工作任务，协调、指导检查各岗位工作，并定期（一周）向地面保障室经理汇报；

④ 根据公司企业文化精神做好值机室员工的思想教育工作；

⑤ 深入值机工作现场，解决协调值机现场存在问题，提出改进方案；

⑥ 负责值机室各项安全工作，并定期向地面保障室经理汇报；

⑦ 负责不正常航班的服务保障工作；

⑧ 负责不正常航班备用金的管理工作；

⑨ 做好上级工作精神指示的传达，完成上级交办事项。

二、民航值机方式

1. 传统柜台值机

在候机楼的值机柜台办理值机手续。

2. 电子客票自助值机

针对电子客票旅客，航空公司在候机楼提供自助值机设备（图 6-1），触摸式的旅客操作界面，可简洁明了地提供出相关服务内容，便于旅客直观地进行自我操作。支持旅客使用身份证及护照进行身份认证，支持电子客票的使用，可通过身份证阅读器、护照阅读器验证身份，确认电子客票。旅客凭电子客票自助办理登机牌。

3. 酒店值机

针对商务旅客，航空公司将值机服务迁移到酒店。

4. 异地候机楼值机

对于没有机场的城市，在当地办理值机手续，异地机场乘坐飞机。我国首个异地城市候机楼——东莞城市候机楼于 2007 年投入使用，东莞城市候机楼能够办理从深圳、广州机场始发航班的值机服务。

5. 境外联程值机

将值机服务延伸到境外，旅客在境外一次性办好值机手续就可享受轻松、便捷的航空旅行。

6. 网上值机

网上值机是一种方便快捷的乘机手续办理方式，旅客可通过航空公司官方网站、微信、客户端等在线办理乘机手续，并可预选座位及自助打印登机牌。目前国内如北京、广州、哈尔滨、成都、昆明、沈阳等机场开通了自助行李托运服务，为旅客出行提供了便利，也降低了值机工作人员的劳动强度，提高了工作效率。

三、值机服务柜台的种类

1. 普通旅客柜台

机场值机柜台如图 6-2 所示。任何旅客在指定的普通值机柜台都可办理登机、托运手续，行李较多的旅客应提早办理登机手续，以免耽误行程。

2. 值班主任柜台

乘坐各国际国内航班的 VIP、头等舱旅客、持有本航空公司会员卡的旅客可以在此柜台

图 6-1　自助值机设备

图 6-2　成都双流机场值机柜台

享受与众不同的便捷或无缝隙的一条龙服务。

3. 会员专柜

为通过各航空公司特别会员服务方式订票的旅客提供在机场的取票服务，或提供大客户贵宾的乘机优质服务。办理各航空公司俱乐部的入会手续，为持会员卡的旅客查询旅程以及进行旅程补登和制卡等服务。

4. 特殊旅客服务柜台

专为晚到旅客、有特殊需要的旅客（如无人陪伴儿童、孕妇、伤病旅客等）提供方便、快捷、舒适的服务，尽可能满足每一位旅客的特殊需求。

5. 团体旅客柜台

专为团体旅客办理乘机手续服务的柜台。

总之，各大机场值机柜台的设置不是固定不变的，而是根据需要实时调整。例如在旅游旺季，可根据需要增设团体旅客柜台。

四、值机服务的时间要求

（1）各大机场截止办理乘机手续时间一般为航班离站时间前 30 分钟。部分机场值机关闭时间调整为航班离站前 40 分钟，如武汉、上海浦东、天津、贵阳、北京、海口、西安、乌鲁木齐、长春、温州、长沙等地机场。部分机场值机关闭时间调整为航班离站前 45 分钟，如成都、广州、哈尔滨、三亚、杭州、昆明、南京、沈阳、深圳等地机场。部分机场的国际航班停止办理乘机手续时间为航班离站前 50 分钟，如上海浦东机场等。承运人规定的停止办理乘机手续的时间，应以适当方式告知旅客。

首先，什么是起飞时间？根据民航有关规定，民航班期时刻表向旅客公布的起飞时间系指机场地面保障工作完毕，飞机关上客、货舱门的时间，而不是飞机离地升空的时间。离地升空时间与航班公布时间差在 15 分钟之内均为正点起飞。

其次，具体地说，在旅客办完乘机手续后到飞机滑行到跑道的 30～45 分钟内，民航工作人员还要进行几个方面的工作：

值机、配载人员要结算旅客人数、行李件数，结合货物装运情况，计算飞机载重，画出平衡表及飞机重心位置，做好舱单后送交机组签字。飞机平衡表及重心位置涉及飞行安全；

要将旅客托运的行李核对清楚后装运飞机；

要对办完乘机手续的旅客进行安全检查；

广播通知旅客到指定登机口检票，并引导旅客登机。如登机旅客须使用摆渡车运送，则耗时要更长；

清点机上旅客人数并与地面检票情况进行核对，保证没有差错。旅客上了飞机后，乘务员要再次清点人数，防止漏乘，然后进行飞机起飞前的准备工作，给旅客讲解有关注意事项和机上设备使用方法，检查行李架上的行李是否放好、旅客的安全带是否系好等工作。

剩下10分钟是飞机关好舱门滑行到跑道起始点所需的时间，等待机场或空中交通管制人员的放飞指令。所以飞机离开地面前30～45分钟应停办乘机手续，否则航班就会延误。

（2）航空公司开始办理航班乘机手续的时间一般不迟于客票上所列明的航班离站时间前90分钟。在《公共航空运输服务规则》中明确规定，100座以下飞机开始办理乘机手续的时间不迟于起飞前60分钟、100座以上飞机不迟于起飞前90分钟、200座以上的不迟于起飞前120分钟。为保证航班正点起飞，机场方面必须严格执行提前30分钟停止办理乘机手续的规定，因此，旅客要有牢固的守时意识，按时到机场办理乘机手续，到指定区域候机。不要心存侥幸和主观故意的卡点到机场，给自己带来不必要的紧张和麻烦。

第二节
办理乘机手续的程序和要求

值机岗位工作流程如图6-3所示。

一、值机准备工作

（1）上岗前值机员应了解飞行计划、动态，核对旅客人数、VIP、特殊旅客和团体旅客预报情况及平衡配载要求。

（2）根据不同的机型、旅客人数，准备好登机牌、行李牌、标志牌、应急出口旅客须知卡等业务用品。了解出港乘机人数与航班机型是否相符。

（3）上岗时应了解设备使用情况，核对柜台显示屏幕的登机门和登机牌是否一致，检查磅秤、传送带是否完好。

（4）了解航班是否有重要旅客、特殊服务旅客及团体旅客，以及他们的特殊要求。

二、查验客票

1.客票查验的含义

所谓查验客票，是检查旅客所持客票的合法性、有效性、真实性和正确性。旅客乘坐飞机必须交验有效客票，承运人自办理乘机手续至旅客到达目的时间里，均有权查验旅客的客票。

2.客票查验的内容

（1）办理乘机手续应首先查验客票上的旅客姓名是否与本人及其有效身份证件一致。如不一致可拒绝办理。乘机有效身份证件可参阅第五章第三节购票证件的规定。

（2）逐项核对姓名、航班号、航段、日期、票价、订座情况等信息及各种代号使用是否

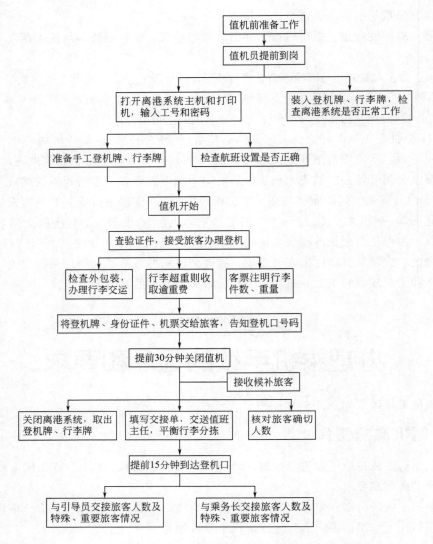

图 6-3　值机岗位工作流程

正确。客票所接受的运输有效航段、承运人，必须与实际承运的航段和承运人一致。

（3）客票是否在有效期内。客票的有效期为一年，旅客必须在客票有效期内完成客票上列明的中途分程、联程、回程的全部航程。

（4）客票的舱位等级无误。

（5）客票的订座状况应为"OK"。电子客票的状态显示为"OPEN FOR USE"。若为其他状态则无法办理乘机手续。

（6）客票其他有关内容，应符合航空公司有关规定。

三、座位安排

安排旅客座位，是办理乘机手续中的一项重要工作。安排好旅客座位，不仅能提高旅客服务质量，而且是保证航班正点和确保飞行安全的要求。旅客乘坐飞机时必须严格按照登机牌上的座位号登机、对号入座。同时，座位的发放在满足配载平衡的情况下应尽可能满足旅客的座位位置要求。图6-4为空客A320混合级156座位布局。

图6-4 空客A320混合级156座位布局

1. 座位安排的一般原则

① 旅客座位的安排，应符合该航班型号飞机载重平衡的要求。

② 购头等舱票的旅客应安排在头等舱内就座，座位由前往后集中安排。头等舱旅客的陪同和翻译人员，如头等舱有空余座位，可优先安排在头等舱内就座。普通舱旅客安排在普通舱就座，安排顺序应从后往前集中安排。

③ 团体旅客、同一家庭成员、需互相照顾的旅客如病人及其伴送人员等，座位应尽量安排在一起。

④ 不同政治态度或不同宗教信仰的旅客，不要安排在一起。

⑤ 儿童旅客、伤残旅客等特殊旅客不要安排在应急出口处的座位。一般应安排在客舱前部靠近乘务员的座位，以便于乘务员提供服务。

⑥ 国际航班飞机在国内航段载运国内旅客时，国内旅客座位应与国际旅客分开安排。

⑦ 航班经停站有重要旅客或需要照顾的旅客时，应事先通知始发站留妥合理的座位，始发站要通知乘务员注意不要让其他旅客占用。

⑧ 遇有重要旅客或需要照顾的旅客时，按照旅客所定舱位等级情况及人数，留出相应的座位。

⑨ 携带外交信袋的外交信使及押运员应安排在便于上下飞机的座位。

2. 应急出口座位

出口座位是指旅客从该座位可以不绕过障碍物直接到达出口的座位和旅客从离出口最近的过道到达出口必经的成排座位中的每个座位。根据民航121（CCAR 121.593条）的规定，坐在该出口座位的旅客，在发生应急撤离时应能够协助机组成员。

（1）安排在出口座位上的旅客必须具备完成下列职责的能力

① 确定应急出口的位置；

② 认出应急出口开启机构；

③ 理解操作应急出口的指示；

④ 操作应急出口；

⑤ 评估打开应急出口是否会增加由于暴露旅客而带来的伤害；

⑥ 遵循机组成员给予的口头指示或手势；

⑦ 收藏或固定应急出口，以便不妨碍使用该出口；

⑧ 评估滑梯的状况，操作滑梯，协助他人从滑梯离开；

⑨ 迅速地经应急出口通过；

⑩ 评估选择和沿着安全路线从应急出口离开。

（2）不得安排在应急出口座位的旅客

① 缺乏阅读能力和缺乏理解印刷或图片形式能力的旅客；

② 不能把信息口头传达给其他人的旅客；

③ 不能推、撞、拉、转动和操作紧急出口机构的旅客；

④ 视觉不佳的旅客；

⑤ 缺乏听觉能力的旅客；

⑥ 不到 15 岁的旅客；

⑦ 属于精神不正常、行为不能自制的旅客；

⑧ 在押的被管制人员；

⑨ 体型明显的肥胖旅客；

⑩ 特殊运输旅客。

紧急出口座位的发放应征询旅客的同意，并请旅客阅读有关紧急出口座位安排要求的公告，了解乘坐该座位的责任和义务。

办理紧急出口座位乘机手续时必须用明确的语言询问旅客是否愿意履行紧急出口座位旅客须知卡上列明的职责。在得到旅客的承诺以前值机人员不得将旅客安排在紧急出口座位。

（3）出口座位须知卡　航班上出口座位处必须放置"出口座位须知卡"；"出口座位须知卡"必须是两种以上语言文字说明，其中一种必须是国际通用英语，一种是航班始发国官方语言文字。

四、收运行李

行李运输是随旅客运输而产生的，与旅客运输有着不可分割的关系。收运行李是行李运输中的首要环节，收运时应注意以下几方面。

（1）了解行李的内容是否属于行李的范围　值机员应主动询问旅客有无需要托运的行李，要提醒旅客可携带一件手提行李，超重、超大、超件要办理行李托运。

（2）了解有无限制或禁止运输的行李　值机员应了解行李内有无夹带禁运品、违法物品或危险品，了解是否有易碎易损、贵重物品或不能作为交运行李运输的物品。

（3）检查行李的包装是否符合要求　交运的行李必须包装完善、锁扣完好、捆扎牢固，能承受一定的压力，能够在正常的操作条件下安全装卸和运输，并应符合相应条件，否则，承运人可以拒绝收运。

（4）检查行李的重量、体积是否符合要求　将行李过秤，行李逾重时，应告知旅客逾重重量以及收费标准，并指明缴纳逾重行李费的窗口。

（5）将行李拴挂好行李条，过安全检查　有关行李运输的注意事项将在下一节阐述。

五、换发登机牌

1. 登机牌的作用

登机牌和客票一起构成旅客乘坐飞机的凭证，登记牌是旅客登机和对号入座的依据，也是地面服务人员清点登机旅客人数的依据。

2. 登机牌的组成

除过站登机牌外，登机牌分为主联和副联两部分，主联由旅客保存直至该航班旅行结束，副联作为登机站清点已登机旅客人数的凭证。

3. 登机牌的式样

登机牌的式样如图 6-5 所示。电脑印制的登机牌式样（以各机场样式为准）在各航空公司和机场不尽相同，但必须包含如下信息：①旅客姓名；②航班号；③日期；④目的地；⑤座位号；⑥舱位；⑦登机口；⑧登机时间。

图 6-5　登机牌式样

4. 登机牌的管理

值机员在航班结束后，将所有使用过的登机牌销毁作废，以避免旅客捡到并冒充使用。

值机员将打印好的登机牌交给旅客，并告知安检通道和登机口号码。提醒旅客航班起飞前 10 分钟停止登机。

六、值机柜台关闭

值机员一般在航班离站前 30 分钟截止办理乘机手续，25 分钟前做航班初始关闭。办理手续截止时，值机员应认真核对离港系统航班统计结果。特殊事项处理，如 VIP、团体未到，客票超售、错售等问题，及时报告值班主任。

1. 送机工作

正常航班登机时，值机员或送机员在航班起飞时刻 20 分钟前到达登机口，延误的航班登机后 5 分钟内到达登机口。

协助登机口引导员控制旅客将超大行李带上飞机；了解航班登机情况，处理旅客登机不正常情况，如登机牌丢失等；查找未登机旅客姓名和行李托运情况，航班离站 15 分钟前通报有关单位旅客登机情况，并广播旅客姓名；监听有关单位航班保障指令，拉减旅客和行李，与配载核对航班修改后的数据。正常情况下在航班离站时间前 10 分钟关舱。

2. 航班离港后的工作

整理航班工作记录及航班不正常情况等需记录备案的事项并存档；根据复核结果，及时向配载员或离港系统复核航班数据；及时回收剩余的各类行李牌及行李标志，妥善保管；将逾重行李票运输联送交结算部门结算；整理航班登机牌副联并保存 24 小时。

第三节
行李运输的一般规定

行李运输是旅客运输工作的组成部分，它是随着旅客运输的产生而产生的。行李运输工作的好坏直接影响到旅客的生活、旅行需要、飞行安全、航班正常和服务质量。行李运输差错事故所引起的赔偿会给航空公司带来经济损失，也有损于航空公司的声誉，甚至造成严重的政治影响。随着客运量逐年上升，加强行李运输管理、预防行李运输差错事故的发生，已成为提高航空客运质量的重要环节。

一、行李的定义

行李是指旅客在旅行中为了穿着、使用、舒适或方便的需要而携带的必要或适量的物品和其他个人财物。

二、行李的分类

承运人承运的行李，按照运输责任分为托运行李、非托运行李、占座行李、声明价值行李、轻泡行李。

1. 托运行李

托运行李是指由旅客交由承运人负责照管和运输的行李。此类行李将被计重并贴上行李牌放置于飞机的行李舱或货舱中，旅客无法接触到。承运人在收运行李时，必须在客票的行李栏内填写托运行李的件数及重量，登机牌将贴上"行李牌识别联"，以方便旅客作为认领行李用。此种行李的包装必须完善、锁扣完好、捆扎牢固，能承受一定的压力，能够在正常的操作条件下安全装卸和运输。托运行李单件不能超过 50 千克，体积不能超过 40 厘米×60 厘米×100 厘米。超过上述规定的行李，须事先征得承运人的同意才能托运。

2. 非托运行李

非托运行李是指经承运人同意由旅客自行携带进入客舱负责照管的行李。如一定量食品、书报、照相机、大衣、易碎物品、贵重物品、外交信袋等特殊物品可以作为自理行李由旅客带入客舱内。每一旅客携带自理行李的重量一般不能超过 10 千克，体积每件不能超过 20 厘米×40 厘米×55 厘米，并要求能放入客舱行李架内或座位底下，不妨碍客舱服务和旅客活动。少数航空公司的登机行李尺寸，每件不得超过 20 厘米×30 厘米×40 厘米。

随身携带物品的重量，每位旅客以 5 千克为限，持 F 舱客票的旅客，每人可随身携带 10 千克；持 C 舱或 Y 舱客票的旅客，每人随身携带 5 千克。此重量不计入旅客的免费行李额内。超过上述重量、体积限制的物品，应作为托运行李托运。

3. 占座行李

旅客在客舱中占用座位放置行李的（如易碎品、贵重物品等）为占座行李，每一座位放置行李的重量不得超过 75 千克，并且无免费行李额。

4. 声明价值行李

当旅客的托运行李每千克实际价值超过承运人规定的每千克最高赔偿限额时，旅客有权要求更高的赔偿金，但必须在托运行李时办理行李声明价值，并付清声明价值附加费。

5. 轻泡行李

轻泡行李指的是每千克的体积超过 6000 立方厘米的行李，也称为低密度行李。此类行李的重量按体积重量的标准进行计算。轻泡行李计量方法如下所述（体积重量的计算方法）。

（1）量出货物的最大长、宽、高的尺寸。

（2）进位：如度量单位是厘米，按四舍五入的原则进行进位。

 例

40.2 厘米×59.5 厘米×99.7 厘米＝40 厘米×60 厘米×100 厘米

（3）换算标准：6000 立方厘米折合为 1 千克。

（4）体积重量按 0.5 千克的进位方法，如：318.15 千克≈318.5 千克，757.37 千克≈757.5 千克；

（5）如旅客携带多件轻泡行李则应算出全部行李体积，再换算成体积重量。遇有旅客携带轻泡行李，需首先计算出行李的实际体积，再按上述体积重量的计算方法核算出行李的重量，最后根据行李托运的一般规定收运。

三、特殊行李

特殊行李是指旅客携带的行李物品超出了行李的定义范围，在一般情况下，承运人可拒绝运输的行李。这些特殊行李，在运输过程中必须严格按照承运人运输规定进行运输。

1. 不得作为行李运输的物品

指民航局规定不能在航空器载运和国家规定的禁运物品。即为了保障民用飞机和旅客生命财产的安全，除特别允许外，严禁旅客随身携带或在托运行李中夹带下列物品。

（1）枪支和警械　各种类型的军用、民用枪支，包括气枪、运动枪、猎枪、信号枪、麻醉注射枪、样品枪和逼真的玩具枪。

各种警械包括：电警棍、电击器、催泪剂、喷射剂等。

（2）弹药和爆炸物品　炸弹、手榴弹、子弹、照明弹、教练弹、烟幕弹、炸药、火药、引信、雷管、导火索、引爆索，以及其他爆炸物品和纵火器材。

（3）易燃、易爆物品　酒精、煤油、汽油、硝化甘油、硝铵、松香油、橡胶水、涂料、白酒（限 2 千克）。丁烷液化气罐及其他瓶装压缩气体或液化气体、硫化磷、镁粉、铝粉、闪光粉、黄磷、硝化纤维胶片、金属钠、金属钾、烟花、鞭炮等。

（4）毒害品　氰化钾、砷、有毒农药、氯气、有毒化学试剂、鼠药等各种有机、无机毒品。

（5）氧化剂　烟雾剂、发光剂、过氧化钠、过氧化钾、硝酸铵、过氧化铅、过氧乙酸等各种无机、有机氧化剂和过氧化物。

（6）腐蚀物品　硫酸、盐酸、氢氧化钠、有液蓄电池、海水等具有腐蚀作用的物品。

（7）放射性物品　放射性同位素等放射物品。

（8）易传播病毒的物品　传染性细菌、病毒和带有活病原体的物质等。

（9）其他　其他具有异味，易污染飞机和其他行李、货物、邮件以及强磁性的物品。

上述物品在任何情况下都不得作为行李运输或夹入行李内托运，也不得作为随身携带物品带进客舱。承运人在收运行李前或在运输过程中，发现行李中装有不得作为行李或夹入行李内运输的上述物品，可以拒绝收运或随时终止运输。

2. 不得作为托运行李运输的物品

重要文件和资料、证券、货币、汇票、珠宝、贵重金属及其制品、银制品、贵重物品、古玩字画、易碎或易损坏物品、易腐物品、样品、旅行证件等需要专人照管的物品不得作为托运行李或夹入行李内托运，而应作为自理行李或免费随身携带物品带入客舱运输。

3. 限制运输的行李物品

指旅客携带的某些行李物品，有可能危害人员和飞行安全或超出承运人的运输规定（如超过重量限制或超过体积限制），这些限制物品（如下述）如采取一些必要措施或在特定的情况下，经承运人允许，可以承运。

精密仪器、电器等类物品，应作为货物托运，如按托运行李运输，必须有妥善包装，并且此类物品的重量不得计算在免费行李额内。

体育运动用器械，包括体育运动用枪支和弹药。

干冰，含有酒精的饮料，旅客旅行途中所需要的烟具、药品或化妆品等。

外交信袋，机要文件。

管制刀具以外的利器、钝器，例如菜刀、餐刀、水果刀、工艺品刀、手术刀、剪刀以及钢锉、铁锥、斧子、短棍、锤子等，不得随身携带，应放入托运行李内运输。

航空公司规定的小动物、导盲犬和助听犬。

旅客旅行途中使用的折叠轮椅或电动轮椅。

四、免费行李额

一张机票的价格中，不仅包括运输旅客的费用，还包括运输旅客所携带的行李的费用，也就是旅客可以在乘坐飞机的同时免费携带一定重量和件数的行李。免费行李额是根据旅客所付票价、乘坐舱位等级和旅客乘坐的航线而享受的可免费运输的行李重量。声明价值行李不计入免费行李额内。

（1）凡持成人或儿童票的旅客，每人免费行李额为：头等舱 40 千克，公务舱 30 千克，经济舱 20 千克。持婴儿票的旅客无免费行李额。

（2）行李重量超过免费行李额时，其逾重部分，应按规定收取逾重行李费。

（3）持免费客票旅客的免费行李额，按其身份享受所持客票的舱位而定。

（4）行李的重量以千克为单位，不足 1 千克时，尾数四舍五入。逾重行李的收费以元为单位，元以下四舍五入。

（5）构成国际运输的国内航段，每位旅客的免费行李额按适用的国际航线免费行李额计算。

（6）合并计算免费行李额的情形：搭乘同一航班前往同一目的地的两个（含）以上的同行旅客，如在同一时间、同一地点办理行李托运手续，其免费行李额可以按照各自的票价等级标准合并计算。

（7）目前，国内部分航空公司已推出免费行李额的差异化服务。例如西部航空根据机票价格体系不同，执行差异化的免费行李保障方案，部分折扣舱位享受 10 千克免费行李额，部分舱位仅可随身携带 7 千克行李。天津航空对国内航班实行差异化服务，四折以下的经济舱机票，不再提供免费托运行李额，除尊享经济舱外，其他经济舱旅客也不再有免费的餐食。

对于越来越追求品质出行、注重服务体验的现代旅客来说，差异化定制服务灵活自由的服务模式更能够满足旅客出行过程中的个性化需求。如果旅客对行李托运、机上餐食有更多需求，可根据实际需要额外进行购买，如无，则可节约该项支出，从而降低出行成本。将选择权交由旅客，实现定制化的精准服务。

五、逾重行李费

逾重行李是指旅客所携带的超过其票价所享受的免费行李额的部分。逾重行李将按照有关规定计费并向旅客收取逾重行李费，并且需要填开逾重行李票，逾重行李票是收取逾重行李费的依据，是一种有价票证，是旅客支付逾重行李费的凭证，也是承运人之间的结算凭证。

1．逾重行李费率

在国内运输中，逾重行李费率按照经济舱单程成人普通票价的 1.5％计算，保留两位小数。即

$$每千克逾重行李费率＝适用单程普通运价×1.5％$$

注意：F、C、Y 舱统一适用。

2．逾重行李费计算

在国内运输中，逾重行李费以元为单位，小数点以后的数字均四舍五入。托运行李重量以千克为单位。即，

应收逾重行李费＝（托运行李的重量－适用的免费行李额）×每千克逾重行李费率

某航段经济舱票价 850 元，其逾重行李费率为

$$850×1.5％＝12.75　（元）$$

① 如果旅客乘坐 Y 舱，托运行李重量为 30 千克，则，

$$应收逾重行李费＝（30－20）×12.75＝127.5　（元）$$

应收 128 元。

② 如果旅客乘坐 C 舱，托运行李重量为 30 千克，则无需支付逾重行李费。

③ 如果旅客乘坐 C 舱，托运行李重量为 40 千克，则

$$应收逾重行李费＝（40－30）×12.75＝127.5　（元）$$

应收 128 元。

六、声明价值行李运输

根据航空公司运输规定，旅客的托运行李在运输过程中发生损坏、丢失时，承运人按照每千克最高赔偿限额赔偿。当旅客的托运行李的每千克实际价值超过承运人规定的每千克最高赔偿限额时，旅客有权要求更高的赔偿，但必须在托运行李时办理行李声明价值，并付清声明价值附加费。办理过声明价值的行李，如在运输过程中由于承运人的原因造成损失，承运人应按照旅客的声明价值赔偿。

声明价值行李的一般规定如下：

（1）属国内运输的托运行李每千克价值超过人民币 50 元时或属国际运输的托运行李每千克价值超过 20 美元时，可办理行李的声明价值。承运人应按旅客声明价值中超过最高赔偿限额部分价值的 5％收取声明附加费。计算公式如下：

$$声明价值附加费＝［旅客的声明价值－（规定每千克限额即 50 元×$$
$$办理声明价值行李的重量）］×0.5％$$

（2）声明价值附加费以元为单位，不足元者应进整为元。

（3）当旅客申报价值为外币时，应按当日银行公布的买入价折算成人民币。

（4）每一位旅客的行李声明价值最高限额为人民币 8000 元，托运行李的声明价值不能超过行李本身的实际价值。如承运人对旅客的声明价值有异议，而旅客拒绝接受检查，有权拒绝收运。

（5）办理声明价值仅限于托运行李，旅客自理行李、随身携带物品不办理声明价值。

（6）声明价值行李的计费重量为千克，不足千克者应进整。但实际重量应保留至小数点后1位。

（7）办理声明价值的行李重量不计入免费行李额，应另外收费，即办理声明价值的行李应按照逾重行李收取逾重行李费。

（8）办理声明价值的行李必须与旅客同机运出。

例

旅客自上海至厦门旅行，申报一件行李，价值为5400元人民币，重量为3千克。计算逾重行李费和声明价值附加费（SHA—XMN经济舱客票票价为640元）。

解：声明价值附加费＝（5400－50×3）×0.5％＝26.25（元），应收27元

逾重行李费＝3×640×1.5％＝28.80（元），应收29元

共计收费＝27.00＋29.00＝56.00（元）

扩展阅读

旅客乘飞机携带锂电池的规定

国际民航组织《危险物品安全航空运输技术细则》（2011—2012版）规定旅客或机组成员为个人自用内含锂或锂离子电池芯或电池而携带的便携式电子装置（手表、计算器、照相机、手机、手提电脑、便携式摄像机等）应作为手提行李携带登机。锂金属电池的锂含量不得超过2克，锂离子电池的额定能量不得超过100瓦·时。超过100瓦·时但不超过160瓦·时的，经航空公司批准后可以装在交运行李或手提行李的设备上，超过160瓦·时锂电池的严禁携带。

便携式电子装置的备用电池必须单个做好保护措施以防短路，并且仅能在手提行李中携带。可放入原零售包装或以其他方式将电极绝缘，如在暴露的电极上贴胶带，或将每个电池放入单独的塑料袋或保护盒当中。经航空公司批准的100～160瓦·时备用锂电池最多只能携带两个。

旅客和机组成员携带锂离子电池驱动的轮椅或其他类似的代步工具和旅客为医疗用途携带的内含锂金属或锂离子电池芯或电池的便携式医疗电子装置的，必须依照本技术细则的运输和包装要求携带，并须经航空公司批准。

第四节
行李收运的流程

一、拒绝运输权

（1）旅客的托运行李、自理行李和免费随身携带物品，如属于或夹带有不得作为行李或夹入行李内运输的任何物品，航空公司有权拒绝接受该行李的运输。

（2）如旅客没有或拒绝遵守航空公司限制运输条件，航空公司有权拒绝接受该物品的

运输。

（3）旅客的托运行李、自理行李和免费随身携带物品，如因其形态、包装、体积、重量或特性等原因不符合航空公司运输条件，旅客应加以改善，如旅客不能或拒绝改善，航空公司有权拒绝接受该行李的运输。

（4）旅客的行李，如不属于航空公司规定的行李范围，航空公司有权拒绝该行李运输。

二、行李的包装要求

交运的行李必须包装完善、锁扣完好、捆扎牢固，能承受一定的压力，能够在正常的操作条件下安全装卸和运输，并应符合下列条件，否则，承运人可以拒绝收运：

（1）旅行箱、旅行袋或手提包等必须加锁；

（2）两件以上的包件，不能捆为一件；

（3）包装上不得附插其他物品；

（4）竹篮、网兜、草绳、草袋等不能作为行李的外包装物；

（5）行李上应写明旅客的姓名、详细地址、电话号码。

交运行李的包装不符合要求，应拒绝收运。如旅客仍要求交运，则拴挂"免除责任行李牌"。"免除责任行李牌"上列明了多种必须拴挂此牌的行李，凡属此之列的行李都要挂"免除责任行李牌"，并在"免除责任行李牌"上对所属问题划出"√"符号。

三、行李的收运

（1）旅客的行李一般应在旅客办理乘机手续时收运。如果团体旅客的行李过多或因其他原因需要提前交运时，可以和旅客约定时间、地点收运。

（2）收运行李时，应检验旅客的客票，行李的运达地点应与客票上的到达站相同。如果客票上有两个或者两个以上的联程站时，只收运至客票上注明的第一个到达站，一般不办理联程运输。

（3）旅客的自理行李和托运行李、手提行李都应过磅，将托运行李的件数和重量填入客票的行李栏内，作为承运凭证。逾重而未付逾重行李费的重量不填入客票内。但在计算飞机载重时要记入飞机载重表以防超载。

（4）收运行李时的注意事项

① 要了解行李的内容是否属于行李的范围，有无夹带禁运物品、易碎易损物品及其他不能作为交运行李的物品。对托运行李要进行抽查，抽查时，应会同旅客进行查看，查看时要注意方式方法，以免引起旅客的误解和不满。凡发现有不符合规定的物品，应及时处理。如旅客不同意查看，则拒绝收运，必要时报有关部门处理。

② 检查行李的包装是否符合要求，如不符合要求，应请旅客加以改善，否则，可拒绝收运。

③ 在收运行李时，要向旅客宣传办理行李声明价值的有关规定，是否办理声明价值，由旅客自己确定。

（5）旅客在免费行李额内托运的行李，应与旅客同机运出。在一般情况下，旅客的逾重行李也应与旅客同机运出。如果逾重行李过多，受班机载量的限制，不能全部同机运出时，应向旅客说明，优先安排后续航班运出，并将行李运出的日期、航班、行李的件数、重量和行李牌号码电告行李的到达站。对于未能与旅客同机运出的行李，必须建立登记制度，注意保管，及时运出，防止丢失、损坏或漏装。

四、行李称重

（1）行李收运时，应将旅客的托运行李和自理行李分别称重，计算重量。

（2）行李重量以千克为单位，不足1千克的，尾数四舍五入。

（3）行李称重要准确，行李逾重要收取逾重行李费的，称重时应将重量告知旅客。

五、行李挂牌

行李牌又称行李条，是旅客托运行李的运输凭证。行李牌分运输联、识别联和一个或多个检查联。运输联贴挂在行李上，作为运输的识别标志；识别联为旅客收执，作为到达后领取托运行李的凭证；检查联根据需要分别粘贴在托运行李、行李集装箱（或粘贴板）上，作为运输联脱落后需要翻找行李时的辅助识别标志。

行李条按式样分为横式和竖式，按使用方式分为拴挂式和粘贴式。目前普遍使用的都是粘贴式的行李条（图6-6、图6-7）。

图6-6　行李条（正面）

图6-7　行李条（反面）

1. 一般规定

收运下列有运输责任争议的行李时，应签署"免责行李牌"，以免除航空公司相应的运输责任，同时需经旅客本人签字确认。

（1）精密易碎物品，包装简陋，不符合要求（包括所有纸箱包装物）。

（2）截止办理登机手续后收运的行李。

（3）小动物、鲜活、易腐物品或夹带有易腐物品的行李。

（4）超过航空公司规定的重量和体积限制的超重或超大行李。

（5）交运行李时外包装已有残损。

（6）无锁或锁已失效。

（7）登机口拉下的超过规定限制的非托运行李。

收运时有何种问题，在"免除责任行李牌"上对所属问题划出"√"符号。

2. 行李标贴

行李标贴是行李运输的辅助识别标志，与行李牌一并使用。行李标贴式样包括：

（1）旅客名牌　在行李运输中，由于种种原因，行李牌有时会脱落，造成行李错运、丢失。为了便于寻找旅客丢失的行李，承运人要求旅客在托运行李前，在每一件行李上拴挂旅客名牌。承运人在旅客办理乘机手续时，发给旅客"旅客名牌"。旅客应按承运人要求预先填妥旅客名牌上的旅客姓名、电话号码、地址，并在每一件托运行李上拴挂或粘贴旅客名牌。

（2）重要旅客行李标识　重要旅客行李标识是重要旅客托运行李的识别标志。如同一班机上有两个以上不同单位的重要旅客时，应拴挂不同颜色的"重要旅客"标志牌以示区别。对挂有"重要旅客"标志牌的行李，要严加保管，后装先卸，以保证运输质量。

（3）团体行李标识（若干不同颜色）　团体行李标识是团体旅客托运行李的识别标志；团体行李标识根据团体旅客行李的区别需要贴挂。不同团体的旅客所托运的行李，应使用不同颜色的标识以示区别。

（4）装舱门标识　头等舱旅客或重要旅客又不愿显露其身份的，以及立即换乘其他航班联程旅客交运的行李，除拴挂行李牌外，还应拴挂"装舱门"行李牌（图6-8）。

图6-8　重要旅客与头等舱旅客行李标识

（5）重行李标识　重行李标识是单件超过30千克的托运行李的识别标志，提醒搬运人员操作时注意方法和姿势。

（6）无成人陪伴儿童行李标识　无成人陪伴儿童行李标识是识别的标志。

六、行李安全检查

旅客的行李和免费随身携带物品必须经过安全检查。航空公司为了运输安全原因，可以会同旅客对其行李进行检查；必要时可会同有关部门进行检查。如果旅客拒绝接受检查，航空公司有权拒绝接受该行李的运输。

1. 托运行李的检查

对于旅客托运的行李，最主要的是行李内物品的检查。机场安全检查人员使用仪器检查旅客的每一件托运行李。必要时，可会同旅客开箱检查，经过安全检查的行李，并符合安全要求的，由安全检查人员贴上安全检查封条，允许其办理托运。

承运人对没有贴安全检查封条的托运行李可以拒绝收运。对已贴安全检查封条的托运行李，必要时，承运人可开箱进行检查。

2. 随身携带行李、客舱行李检查

旅客进入飞机客舱前，随身携带的行李物品（包括自理行李）也必须经过安全检查。机场安全检查部门负责客舱行李的安全检查工作，在旅客进入候机楼通过安检时，机场安全检查人员使用仪器检查旅客携带的每一件行李物品，必要时，可会同旅客开箱检查，承运人对拒绝接受安全检查的旅客，有权拒绝其乘机。

七、行李的运载和装卸

1. 行李的运载

旅客的托运行李，应与旅客同机运送，如旅客未能乘机或取消旅行，应卸下该旅客的托运行李（严禁"人不走，行李走"）。

旅客的托运行李如不能与旅客同机运送，应向旅客说明，并优先安排在载量允许的后续航班上运送。

旅客的逾重行李在其所乘飞机载量允许的情况下，应与旅客同机运送。如载量不允许，而旅客又拒绝使用后续可利用航班运送，航空公司可拒绝收运旅客的逾重行李。

2. 行李的装卸

（1）大型飞机应按值机配载指定的舱位装机。装卸人员不得随意变更舱位。装机时如与货物同装一个货舱，应先装货物，后装行李；卸机时应先卸行李，后卸货物。

（2）装卸行李必须根据有关业务单据（如装机单、卸机单等）进行作业，认真检查核对。装卸作业的班、组长在清点核对后，应在单据上签字。如实际装机数与装机单上的数量不符，应立即与有关人员联系。卸机时如数量不符或发现破损时，应及时作出事故签证。对经停本站的班机，要防止错卸、漏卸。

（3）装卸飞机要准确、迅速，不能因装卸飞机而影响正常飞行。出发班机必须要在航班规定离站时间前完成装机作业，要挂好网，关好舱门。班机的到达站，装卸人员应按时到达岗位，以保证行李能按时交付旅客。

（4）雨天作业时，要使用有篷卡车或用苫布将行李盖好，防止行李被雨水淋湿。夜间作业，要有照明设备。

（5）装卸行李的车辆要注意行驶安全。场内行驶不得开快车，装卸行李的车辆要与飞机保持一定的距离。使用卡车时必须使用轮挡，以免碰撞飞机。

八、行李的交付

交付行李应准确迅速，尽量缩短旅客的等候时间。一般宽体客机到站后，第一件行李在20分钟内交付给旅客，全部行李在1小时20分钟内交付给旅客；大中型飞机，行李在飞机到达后15分钟内开始交付，全部行李在1小时内交付给旅客；小型飞机在40分钟内全部交付给旅客。交付行李时应注意以下事项：

（1）准确核对，防止错发。交付行李时，必须收回提取行李凭证并与拴挂的行李牌核对号码。

收回的提取行李凭证，可在该航班的行李全部发放完毕，又未发现问题，经24小时后予以销毁。

（2）交付行李时应请旅客当场查看，如旅客没有提出异议，承运人即解除运输责任。

（3）旅客遗失提取行李凭证，应请旅客提出适当证明，经认可并在旅客出具收据后，将行李交付旅客。在旅客声明遗失提取行李凭证前，如行李已被冒领，承运人不承担责任，但应协助旅客查找。

（4）如行李牌脱落，为防止差错，应由旅客自行辨认后再采取核对重量、名牌以及行李内容等方法进行确认，经确认后，可交付给旅客，并收回提取行李凭证。此项工作一般可在到达行李交付完毕后进行。

（5）交付行李时，可根据需要请旅客交验客票。如旅客不能交验有效客票，可拒绝交付行李。

九、特殊行李的运输流程

1. 小动物的收运和处理

航空运输中所谓小动物是指家庭驯养的小狗、猫、鸟或其他玩赏宠物。野生动物和具有形体怪异或易于伤人等特性的动物如蛇、狼犬等，不属于小动物范围。导盲犬、助听犬是指经过专门训练为盲人导盲或为聋人助听的犬类，在旅行中旅客需依靠它的帮助。

旅客携带小动物、导盲犬、助听犬乘机，必须在订座时提出并提供动物检疫证明，并征得承运人同意后才可托运。承运人接到旅客申请携带小动物乘机的要求后，在旅客同意遵守运输条件时，方可同意运输。

旅客应对托运的小动物、导盲犬、助听犬承担全部责任。在运输中除航空公司原因外出现的小动物、导盲犬、助听犬受伤、患病和死亡，航空公司不承担责任。在长距离飞行中途不着陆的航班或某种机型的飞机上，不适宜运输小动物、导盲犬、助听犬时，航空公司可以拒绝收运。

（1）小动物必须装在适合其特性的坚固容器内。容器的一般要求为：能防止小动物破坏、逃逸和接触到容器外面的旅客、行李、货物和邮件；保证空气流通，不致使小动物窒息；容器的大小不超过货舱门的宽度和高度；能防止粪便渗溢，以免污染飞机设备和其他物品。

（2）小动物及其容器和食物的重量，不得计算在旅客免费行李额内，应按超重行李计收运费。

（3）旅客携带的小动物除经承运人特许以外，一律不准在客舱内运输。

2. 外交信袋的收运

外交信袋应由外交信使随身携带，自行照管，根据外交信使的要求，承运人也可以按照托运行李办理，但承运人只承担一般托运行李的责任。

外交信使携带的外交信袋与行李可以合并过磅计重，超过免费行李额部分，按逾重行李收费。

外交信袋如需占用座位，必须在订座时提出，如有座位，可予同意购买占座客票。

外交信袋占用每一座位的重量限额不得超过75千克，每件体积和重量的限制与行李相同，占用座位的外交信袋没有免费行李额，运费按占用座位的外交信袋的实际重量和客票票价等级相同的票价计算运费，两者取其高者计算。

3. 体育运动用枪支/子弹

体育运动用枪支、子弹作为托运行李，必须在订座或购票时提出，经航空公司同意后，方可办理。

旅客应在乘机当日航班离站时间 90 分钟以前将物品自行运到机场办理托运手续。

　　体育运动用枪支、子弹凭省、市以上体委部门的证明收运。

　　收运枪支、子弹，应将枪支内的子弹取出，枪支与子弹分开包装，包装须经航空公司认可。

　　旅客托运体育运动用枪支、子弹的重量，不得计算在免费行李额内，应按逾重行李计收运费。每位旅客子弹限量为 5 千克。

　　收运体育运动用枪支、子弹应通知安检部门并由他们与机长交接。

　　枪支、子弹在收运、装机、卸机、交付过程中，应有专人照看和监管。

　　应将枪支、子弹在收运情况通报配载部门，以便向经停站和到达站拍发电报。

4．折叠轮椅/电动轮椅

　　折叠轮椅、电动轮椅是行动不便的旅客旅行中使用的助步工具。

　　折叠轮椅、电动轮椅必须作为托运行李运输。

　　电动轮椅是靠蓄电池来提供动力的，电池内的溶液具有很强的腐蚀性。电动轮椅在办理托运时，必须符合下列条件：电池必须断路，两极用胶带包好以防短路，并牢固地附于轮椅上；轮椅两侧贴上"向上"标识，以避免倒置；轮椅在装卸过程中始终保持直立，并应在货舱内进行固定，以防滑动。

　　经航空公司同意并事先安排的在上下机过程中使用自带轮椅的旅客（例如团体轮椅旅客），其轮椅按下列办法处理：

　　待旅客登机使用完轮椅时，在登机口收运轮椅；

　　收运轮椅应拴挂行李牌，并将行李牌的识别联交付旅客；

　　将收运的轮椅装入货舱门口位置；

　　到达站应首先将托运的轮椅卸下，运至登机口，供旅客下机时使用；

　　收运上下机使用的自带轮椅应填写"特殊行李通知单"，通知机长；

　　应将轮椅的收运情况通报有关部门（如配载等），以便向经停站和到达站拍发电报。

5．高尔夫球具/滑雪用具/渔具

　　托运高尔夫球具或滑雪用具或渔具时，按一般行李办理。

　　构成国际运输的国内航段，每位旅客可以免费携带高尔夫球具一套（包括一个高尔夫球袋和一双高尔夫球鞋）或滑雪用具一套（包括一副雪橇、一副滑竿和一双雪靴）或渔具一套。

6．精密仪器、 电器等类物品

　　精密仪器、电器等类物品，例如乐器、电视机、音响、洗衣机、电冰箱、电脑、录音机、VCD 机等，应作为货物运输。如作行李运输，应经航空公司事先同意。

　　如按托运行李运输，精密仪器、电器等类物品必须有出厂包装或航空公司认可的包装。

　　精密仪器、电器等类物品的重量不得计算在免费行李额内，应单独收取逾重行李费。未办声明价值的精密仪器、电器等，航空公司按一般托运行李承担赔偿责任。

7．干冰

　　用于低温冷藏或放在易腐物品内的干冰，须经航空公司同意后才可随冷藏物品携带，但每位旅客随身携带的干冰总重量不得超过 2 千克。

　　旅客携带干冰乘机，按安检部门公布或解释的有关规定办理。

第五节
行李不正常运输

在行李运输过程中，由于工作人员的疏忽、机械或其他原因造成的运输差错事故称为不正常情况的行李运输，包括迟运、错装、错卸、漏装、漏卸、丢失、破损等。

行李运输事故记录（PIR），它是少收行李、多收行李、行李破损及行李内物被盗等行李运输不正常情况的原始记录，也是行李查询与赔偿工作的依据。

国际行李查询部门（LL）是负责处理国际行李不正常运输工作的部门；国内行李查询部门（LN）是负责处理国内行李不正常运输工作的部门。一些航空公司还设有专门的行李查询中心（LZ），协助各地查询及处理本航空公司的行李查询工作和行李赔偿工作。

一、迟运行李

迟运行李是指未与旅客同机运输，使用后续航班运出的行李。

1. 始发站的处理

（1）将迟运行李编号，进行登记　在旅客到达目的站前，如尚未确定运送行李的后续航班，应拍发电报，将行李迟运信息通知旅客的到达站。电报内容应包括旅客乘坐航班、迟运行李的件数和行李牌号码。

（2）如果由于行李牌脱落，无法确定行李的目的站而造成迟运，应向当日从本站始发的与该航班办理乘机手续时行李分拣地点相同、时间段交叉的有关航班的经停站和目的站拍发多收行李电报（OHD）查询，在得到有关站的电报确认后，再将行李运出。

（3）迟运行李运送时，应按速运行李办理。

2. 目的站的处理

收到外站迟运行李的电报，应做好记录，并视情况将信息通知旅客。收到行李后，立即将行李收入行李库房保管，并按速运行李办理交付。

收到迟运行李运送信息，但航班到达后未收到行李，应向始发站询问。未收到外站迟运行李信息但收到行李，按多收行李处理。

二、少收行李

少收行李是指未与旅客同机到达，下落不明尚待查找的行李。

1. 少收站的处理

（1）进行本站查询。确认行李少收后会同旅客填写"进港行李少收表"。索取旅客遗失行李的行李牌识别联、客票旅客联（或复印件）、逾重行李票旅客联（或复印件）和登机牌（旅客所乘航班与客票所列航班不一致时）。请旅客填写"丢失行李调查表"和"旅客行李索赔单"各一份。

（2）拍发电报查询行李。在查找过程中，应及时以信函和/或电话的方式将查找情况通知旅客。

（3）经多次查找行李仍无下落，在航班到达后第21天将该行李的全部查询电报和文件交本站的行李赔偿部门，准备进行最后的查找和办理赔偿。所需的文件和资料如下：

① "行李运输事故记录单" 一份；

② 遗失行李的行李牌识别联；

③ 登机牌（旅客所乘航班与客票所列的航班不一致时）；

④ "遗失行李调查表" 一份；

⑤ "旅客行李索赔单" 一份；

⑥ 逾重行李票旅客联（或复印件）；

⑦ 查询行李的全部来往电报和信函。

（4）行李21天仍无下落，可根据情况拍发最后查询电报（FNL TRACE）。

2. 收到少收行李查询电报航站的处理

（1）核对本站多收行李记录。

（2）如所查行李系本站发运的行李，应核对本站的掉牌行李记录。

（3）如行李找到，将行李按速运行李运至少收航站或少收电报指示的航站。

（4）未查到行李，应拍发回无电报（NEG）。对普查电报，如本站非少收行李航班的运行航站，可不拍发回无电报。

三、多收行李

多收行李是指航班到达后，行李交付工作完毕时，无人领取的行李。

多收行李的种类有：挂有到本站的行李牌；挂有非到本站的行李牌；无行李牌。

1. 多收站的处理

（1）多收行李应进行登记，按规定填写和贴挂多收行李牌，立即收入行李库房保管。

（2）对挂有到非本站的行李牌的多收行李，应按速运行李办理，将行李运至行李牌上列明的目的站或退回始发站。

（3）核对本站的多收行李。将本站多收行李记录与本站少收行李记录进行核对，从中找出少收行李。核对外站发来的少收行李查询电报，确认为外站的少收行李后，按其指示运送或交付行李。

（4）核对后无线索的行李，应在航班到达后4小时内向航班的始发站、经停站和后续航站拍发多收行李电报（OHD）。

（5）到达72小时后仍无线索的行李，应向重点航站拍发仍然多收电报（SHL）。

（6）由于安全原因开箱核实内物的行李，可根据箱内线索查找。

（7）多收行李保留90天后仍无人认领，按无法交付的行李处理。

2. 逾期无法交付行李的处理

多收行李（包括旅客遗失物品）经多方查询仍无法找到失主，从开始保管之日起超过90天，即可作为无人认领行李处理。处理工作由行李查询部负责，在处理之前应认真做好清点、登记工作，上报上级主管领导批准后，按以下规定进行处理：

① 军用品向当地军事部门无价移交；

② 违禁物品向当地公安机关无价移交；

③ 历史文物、珍贵图书向当地文化部门无价移交；

④ 金银及金银制品、珠宝向当地人民银行或收购部门按牌价或评定价格移交；

⑤ 以上四项以外的物品向当地委托商行作价移交，对于质量不合标准的物品，应适当降价移交；

⑥ 外汇、国库券交银行兑换成人民币；

⑦ 人民币、兑换券可不移交，直接经公司财务部门上缴国库（公司所在地国家财政部门）；

⑧ 鲜活、易腐或其他保管有困难的物品，24 小时以后无人认领，上报领导，作价处理或废弃。

行李作价移交后的款项交财务部门保管 30 天，如失主找到后，可将余款交给失主，超过 30 天后仍无人认领，余款上交。

属于行李运输事故造成并已由航空公司赔款的行李，其变卖款项，全部归公司所有，相应冲减该项行李赔偿款。

对无人认领行李，任何部门或个人不得自行动用、变卖、购买和违章处理。

3．收到多收行李电报航站的处理

（1）核对本站少收行李记录，确认为本站的少收行李后，向多收站拍发索要行李电报（request for on hand baggage message，ROH），待收到行李后，尽快交付旅客。

（2）如是本站的少收行李，旅客不在本地，可将行李转运至旅客要求的航站。

（3）非本站的少收行李，可不予回电，但如发现行李线索，可拍发电报将情况通知多收航站。

四、行李破损

行李破损是指旅客的托运行李在运输过程中，外部受到损伤或受污染，因而使行李的外包装或内装物品可能或已遭受损失。

确认承运人原因造成行李破损后，应会同旅客填写"行李破损登记"。赔偿的具体规定各航空公司略有不同。

五、行李收运后不正常情况的处理

1．行李的退运

（1）旅客在始发站要求退运行李，必须在行李装机前提出。如果旅客临时退票，则必须同时退还已交运的行李。以上退运，均退还已收行李运费。

（2）旅客在经停站要求退运，该航班未使用航段的已收行李运费不退。

（3）退还行李运费时，应收回原逾重行李费收据，另填开退款单交旅客。

（4）旅客退运行李，其交付手续按交付行李有关规定办理。

2．中途站提取行李的处理

（1）班机在中途过夜，旅客要求领取行李，可将行李交给旅客。行李上拴挂的行李牌可不取下，提取行李凭证暂时收回。其他交付手续按交付行李有关规定办理。

（2）续程重新交运时，提取行李凭证交还旅客，但行李应予复磅。如重量有变动，应在行李牌及业务文件上作相应的变更；重量增加超过免费行李额或超过原付费重量时，应收取或加收该站至到达站的行李运费，重量减少已付运费的差额不退。

3. 航班中断时对行李的处理

由于承运人的原因，需要安排旅客改乘其他班机，行李的运输应随旅客作相应的变更，行李运费可重新计算，多退少不补。

如旅客改乘地面运输工具，行李交还旅客。如已收取行李运费，应退还未使用航段的运费。

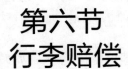

第六节
行李赔偿

一、行李的赔偿责任

1. 航空公司的责任

（1）旅客交运的行李在运输过程中发生丢失、破损、短少或延误等差错事故，承运人应负赔偿责任。

（2）如行李丢失只是全部交运行李的一部分，不管其丢失的价值如何，只能按该部分丢失的重量在全部行李重量中的比例承担责任。如果行李部分破损，应赔偿破损部分的价值或付修理费。

（3）承运人交付行李时，如果旅客没有对行李的完好提出异议，并未填写"行李运输事故记录"或"破损行李记录"，承运人不承担责任。

（4）对于逾重行李的逾重部分，如未付逾重行李费，承运人对该部分不负赔偿责任。私自带上飞机的捎带物品，无论发生丢失或破损，承运人一律不负任何责任。

（5）对于旅客在托运行李内夹带的属于航空公司规定的不得作为托运行李运输的物品的丢失或损坏，航空公司只按一般托运行李承担赔偿责任。

（6）在联程运输中，航空公司仅对发生在航空公司承运的航线上的行李的损失承担赔偿责任。

（7）免除责任。由下列情况造成行李的损失，除能证明是航空公司的过失外，承运人不负赔偿责任：因自然灾害或其他无法控制的原因；包装方法或容器质量不良，但从外部无法观察发现；行李本身的缺陷或内部物品所造成的变质、减量、破损、毁灭等；包装完整，封志无异而内件短少、破损；旅客的自理行李和手提行李。

2. 旅客的责任

（1）旅客未遵守国家的法律、政府规章、命令及民航运输的有关规定。

（2）行李内装有按规定不能夹入行李的运输物品。

（3）由于旅客原因，造成民航或其他旅客的损失，应由造成损失的旅客负责。

二、提出赔偿要求的时限和地点

1. 赔偿时限

由于承运人责任造成旅客行李丢失、破损等，旅客必须在该行李应当交付之日起的180天之内，凭"行李运输事故记录"或"破损行李记录"向受理站提出索赔要求，如旅客已离开受理站，由受理站将有关资料和处理意见委托距旅客所在地最近的民航站处理。

2．受理赔偿地点

受理站在接到旅客索赔要求时，应尽快作出赔偿决定，最迟在七天内将处理意见答复旅客。如受他站委托处理旅客索赔要求时，必须在三天之内将委托站办理赔偿的决定答复旅客。

三、办理赔偿的程序和要求

1．接受赔偿的程序

（1）在规定时限内，旅客（如系代理人，应持有旅客亲笔签名或盖章的委托书）应详细写明遭受损失行李的实际价值，提供必要的证明，凭"行李运输事故记录"或"破损行李记录"的原件及其他应填写的文件或表格，提出赔偿要求。

（2）接到赔偿要求后，应请旅客或其代理人填写"旅客行李索赔单"，并立即了解该项行李事故的查询及处理情况，如经查明行李确已损坏、丢失或延误运输，并确系航空公司的责任，查询电文齐全，提出赔偿处理意见，经审批后，办理赔偿手续。

（3）赔偿费用交付旅客时，应填写"行李赔偿费收据"，并请旅客在收据上签字，旅客对赔款签收后，应将旅客所持的"行李运输事故记录"等文字凭证收回。

（4）旅客提出的赔偿要求，经过分析、调查，确定事故责任不属于运输过程中任何承运人时，受理站应及时答复旅客，说明不予赔偿的理由和根据，同时，退还有关票证和文件。

2．办理赔偿的要求

（1）办理行李丢失或延误运输赔偿时，各项电文必须齐全，包括：旅客行李索赔单、行李实际损失价值的必要证明、行李损失事故调查报告单、各种往来电报和领取行李凭证等。

声明价值行李和逾重行李的赔偿，还应有逾重行李票。

（2）办理行李损坏赔偿时，应尽可能在旅客提出索赔的当时，赔款解决。赔偿金额参照当地同样物品的价格。

（3）受理赔偿案件后，凡能肯定是承运人责任的，应由受理站迅速按规定给予办理，然后再划分内部责任，如责任属于他站，赔偿后应将处理结果通知责任站。

（4）已赔偿的旅客丢失行李找到后，承运人应迅速通知旅客领取，旅客应将自己行李领回、退回全部赔款。临时生活用品补偿费不退。发现旅客有欺诈行为，承运人有权追回全部赔款。

四、赔偿限额

（1）赔偿交运的行李全部或部分破损、丢失或延误运输时，不论旅客持何种客票，均按损失行李的实际价值赔偿，但每千克的赔偿金额，最高不能超过人民币100元。

如旅客已办理行李声明价值，赔偿价值以声明价值为限，逾重行李费退还旅客，但所交声明价值附加费不退。

（2）旅客行李丢失，需要赔偿的行李件数和重量，以客票上所填写的件数和重量为准，如无法确定行李的重量或其重量超过规定的免费行李额时，除非旅客持有效的逾限行李费收据，否则，每一旅客的损失行李最多只能按该旅客享受的免费行李额赔偿。

（3）行李损坏时，按照行李降低的价值赔偿或负担修理费用。

（4）由于发生在上、下航空器期间或航空器上的事件造成旅客的自理行李和随身携带物品丢失，承运人承担的最高赔偿金额每位旅客不超过人民币 3000 元。

（5）构成国际运输的国内航段，行李赔偿按适用的国际运输行李赔偿规定办理。

 案例分析

行李破损未妥善处理

隋女士乘坐 2012 年 6 月 26 日某航班，在办理行李托运时告知行李箱内有两瓶贵重的金箔酒，并咨询是否需要购买行李保险等。工作人员告知不需要为行李贴易碎标签并让旅客签署免责。到达深圳后，隋女士发现箱内的一瓶酒（价值三千元）酒瓶破损。工作人员了解情况后，未致歉，只告诉旅客行李已签署免责，无赔偿。该旅客情绪激动，声音较大，工作人员告知旅客有理不在声高。该旅客表示工作人员应该换位思考，称要曝光媒体。此时，工作人员才让该旅客填《行李事故单》，并做解释工作，也未告知事件后续处理进展的联系电话。

分析：旅客对易碎物品托运咨询时工作人员未给予必要的风险告知，物品破损后未得到赔偿是引起旅客投诉的主要成因，现场处理时未把握关键性的原则。工作人员的处理方式让旅客感觉其服务态度较差，无处理问题的诚意。该旅客离开现场后，工作人员也缺失后续的跟踪处理程序。

提醒：

托运行李中不要夹带重要文件和资料、外交信件、证券、货币、汇票、贵重物品等需要专人照管的物品。

  思考与练习

1. 试述值机服务的工作程序。

2. 值机服务的时间是如何规定的？

3. 为什么要在航班起飞前 30 分钟停止办理乘机手续？

4. 客舱座位安排的一般原则是什么？

5. 简述行李收运的流程。

6. 简述免费行李额的相关规定及旅客合并计算免费行李额的条件。

7. 常见行李的种类有哪些？

8. 行李的赔偿限额是怎样规定的？

9. 能力项目训练

情景模拟：某候机大厅值机柜台前，值机员问候旅客，并询问旅客相关信息。

（1）见到旅客时问候。

（2）旅客可能已经在后面排队等候很久，带着情绪来柜台办理，这时你应如何处理？

（3）旅客将证件递交过来时，如果旅客的证件过期，如何告知旅客？

（4）如果旅客购买的是婴儿票，但实际年龄已超过2周岁的，如何告知旅客？

要求：

（1）分小组模拟扮演旅客和工作人员。

（2）针对工作情景设计服务对话。服务时，服务用语要规范，服务流程处置应合理规范。

Chapter 07

第七章

安检服务

知识目标

了解民航机场安检机构和人员的设置；了解民航机场安检工作的应知规定；熟悉《中国民用航空安全检查规则》；熟悉有效证件的种类；了解安检各岗位设置与职责；明确物品检查的范围和禁止携带的物品种类；了解隔离区监控和飞机监护的相关规定。

技能目标

熟悉安检工作流程；能识别旅客有效的身份证件；能判断旅客携带物品是否符合规定；掌握人身检查的要领和方法。

第一节
机场安检工作机构和人员

一、安检服务的定义

安检是安全技术检查的简称，它是指在民航机场实施的为防止劫（炸）机和其他危害航空安全事件的发生，保障旅客、机组人员和飞机安全而采取的一种强制性的技术性检查。

安检服务十分必要，它是民航企业提供高质量旅客服务最重要的基础。安检服务在全世界范围内都得到了极大的重视和提高。安检服务的根本目的是：防止机场和飞机遭到袭击；防止运输危险品引起的事故；确保乘客的人身和财产安全。因此，旅客应积极配合安检服务人员的工作，真正享受安检服务带来的旅行安全保障。

二、安检工作机构

（1）设立安检部门应当经中国民用航空总局（以下简称民航总局）审核同意，并颁发"民用航空安全检查许可证"；民航地区管理局在民航总局授权范围内行使审核权。未取得"民用航空安全检查许可证"，任何部门或者个人不得从事安检工作。"民用航空安全检查许可证"有效期为五年，到期由颁证机关重新审核换发。

（2）申请设立安检部门的单位应当向民航总局提出书面申请，并附书面材料证明具有下列条件：

① 有经过培训并持有"安检人员岗位证书"的人员，且其配备数量符合《民用航空安检人员定员定额标准》；

② 有从事安检工作所必需的经民航总局认可的仪器、设备；

③ 有符合《民用航空运输机场安全保卫设施建设标准》的工作场地；

④ 有根据本规则和《民用航空安全检查工作手册》制定的安检工作制度；

⑤ 民航总局要求的其他条件。

三、安检人员

（1）从事安检工作的人员应当符合下列条件：

① 遵纪守法，作风正派，品质良好；

② 未受过少年管教、劳动教养或刑事处分；

③ 具有高中以上文化程度，志愿从事安检工作；

④ 招收的人员年龄不得超过 25 周岁；

⑤ 身体健康，五官端正，男性身高在 1.65 米以上，女性身高在 1.60 米以上；

⑥ 无残疾，无重听，无口吃，无色盲、色弱，矫正视力在 5.0 以上。

（2）安检人员实行岗位证书制度。没有取得岗位证书的，不可单独作为安检人员上岗执勤；对不适合继续从事安检工作的人员，应当及时调离或辞退。

（3）安检人员执勤时应当着制式服装，佩戴专门标志；在 X 射线区域工作的安检人员应当得到健康保护。

（4）安检人员执勤时应当遵守安检职业道德规范和各项工作制度，不得从事与安检工作无关的活动。

（5）在高寒、高温、高噪声条件下从事工作的安检人员，享受相应的补助、津贴和劳动保护。

（6）在 X 射线区域工作的安检人员应当得到下列健康保护：

① 每年到指定医院进行体检并建立健康状况档案；

② 每年享有不少于两周的疗养休假；

③ 按民航总局规定发给工种补助费；

④ 女工怀孕和哺乳期间应当合理安排工作，避免在 X 射线区域工作。

X 射线安全检查仪操作检查员连续操作工作时间不得超过 40 分钟，每天累计不得超过 6 小时。

第二节
民航机场安检工作的应知规定

民航机场安检工作的应知规定主要是指与民航安检相关的法律、法规和制度。主要有：《有关航空安全保卫的国际公约》；《中华人民共和国民用航空法》；《中华人民共和国民用航空安全保卫条例》；《中国民用航空安全检查规则》；《中国民用航空危险品运输管理规定》。

一、有关航空安全保卫的国际公约

为阻止威胁、破坏国际民用航空安全与运行，以及非法劫持航空器的行为的发生，在国际民航组织的主持下，先后制定了东京公约、海牙公约、蒙特利尔公约以及蒙特利尔公约的补充协定书，这些公约作为直接解决航空安保问题的国际文件已经被各国采纳并接受。

1.《国际民用航空公约》 附件 17

《国际民用航空公约》附件 17 即"防止对国际民航进行非法干扰行为的安全保卫"于 1974 年 3 月通过并生效。

国际民航公约附件 17 规定：在防止对国际民用航空非法干扰行为的一切有关事务中，旅客、机组、地面人员和一般公众的安全是每个缔约国的首要目的。

附件 17 进行了八次修订更新，所有的更改都并入了 1992 年 9 月通过的最近一次修订。

包括对行李的综合荧光屏检查，对货物、快件和邮件的安保控制，与安保计划有关的程序的变化，国际航空器的航前检查以及将安保方面的考虑纳入机场设计的有关措施。

2.《东京公约》

《东京公约》即"关于在航空器上犯罪和某些其他行为的公约"。1947年至1957年国际上发生劫机事件23起。进入20世纪60年代后，劫机次数逐渐增加，1960年，仅发生在古巴和美国之间的劫机事件就有23起。同时，在飞机上犯罪的其他案件也不断出现。鉴于这种情况，国际民航组织于1963年9月在东京召开国际航空法会议，有60个国家参加签订了《东京公约》，该公约规定航空器登记国有权对在机上的犯罪和犯罪行为行使管辖权。其主要目的是确立机长对航空器内犯罪的管辖权。

《东京公约》关于对机长处置权限的规定：《东京公约》规定了机长有权对在航空器上的"犯罪"者采取措施，包括必要的强制性措施；机长有命令"犯罪"者在任何降落地下机的权力；对航空器上发生的严重犯罪，机长有将案犯送交降落地国合法当局的权力。

3.《海牙公约》

《海牙公约》即"关于制止非法劫持航空器的公约"。该公约于1971年10月4日生效。

《东京公约》制订后，劫机事件不但没减少，反而接连发生，20世纪60年代后期，多种原因使劫机事件呈直线上升趋势。1968年35起，1969年87起，1970年82起（平均每四天发生一起），劫机得逞率81.5%。由于劫机事件日益增多，引起国际社会的高度重视和普遍关切。在此情况下，国际民航组织于1970年12月在荷兰海牙召开国际航空法外交会议，讨论有关劫持飞机问题，有76个国家参加，签订了《海牙公约》。该公约规定了各缔约国对犯罪行为实施管辖权，及拘留、起诉或引渡罪犯的详细规定。

《海牙公约》关于对劫机犯罪行为的界定：用武力、武力威胁、精神胁迫方式，非法劫持或控制航空器（包括未遂）即构成刑事犯罪。

《海牙公约》的主要内容有：严厉惩罚飞机劫持者；缔约国对劫机行为的管辖范围；缔约国承担义务，将劫机情况通知有关国家，并将处理情况报告国际民航组织。

4.《蒙特利尔公约》

《蒙特利尔公约》即"关于制止危害民用航空安全的非法行为的公约"。该公约于1973年1月26日生效。

《东京公约》和《海牙公约》签订后，国际上劫机案件仍然层出不穷，而且破坏民航飞机和民航设施的情况继续不断发生。出现了爆炸飞机、破坏民航设施和用电话恐吓方式传递情报，危及民航飞机的正常飞行。因此，1971年9月国际民航组织在加拿大蒙特利尔召开了国际航空法外交会议，签订了《蒙特利尔公约》。该公约主要涉及非法劫持航空器以外的行为。

《蒙特利尔公约》的主要内容有：缔约各国对袭击民航飞机、乘客及机组人员，爆炸民航飞机或民航设施等危及飞行安全的人，要给予严厉的惩罚，其规定基本与《海牙公约》相似。

二、《中华人民共和国民用航空法》相关规定

《中华人民共和国民用航空法》（以下简称《民航法》）于1995年10月30日第八届全

国人民代表大会常务委员会第六次会议通过，1996年3月1日生效。《民航法》共有十六章节，一百八十一条款。

《民航法》关于安全技术检查的规定主要有：

1. 《民航法》关于公共航空运输企业的规定

第一百条　公共航空运输企业不得运输法律、行政法规规定的禁运物品。

公共航空运输企业未经国务院民用航空主管部门批准，不得运输作战军火、作战物资。

禁止旅客随身携带法律、行政法规规定的禁运物品乘坐民用航空器。

第一百零一条　公共航空运输企业运输危险品，应当遵守国家有关规定。

禁止以非危险品品名托运危险品。

禁止旅客随身携带危险品乘坐民用航空器。除因执行公务并按照国家规定经过批准外，禁止旅客携带枪支、管制刀具乘坐民用航空器。禁止违反国务院民用航空主管部门的规定将危险品作为行李托运。

危险品品名由国务院民用航空主管部门规定并公布。

第一百零二条　公共航空运输企业不得运输拒绝接受安全技术检查的旅客，不得违反国家规定运输未经安全技术检查的行李。

公共航空运输企业必须按照国务院民用航空主管部门的规定，对承运的货物进行安全技术检查或者采取其他保证安全的措施。

第一百零三条　公共航空运输企业从事国际航空运输的民用航空器及其所载人员、行李、货物应当接受边防、海关、检疫等主管部门的检查；但是，检查时应当避免不必要的延误。

2. 《民航法》关于对隐匿携带枪支、弹药、管制刀具乘坐航空器的处罚规定

第一百九十三条　违反本法规定，隐匿携带炸药、雷管或者其他危险品乘坐民用航空器，或者以非危险品品名托运危险品，比照刑法的有关规定追究刑事责任。

隐匿枪支子弹、管制刀具乘坐民用航空器的，比照刑法的有关规定追究刑事责任。

三、《中华人民共和国民用航空安全保卫条例》

《中华人民共和国民用航空安全保卫条例》（以下简称《民用航空安全保卫条例》）于1996年7月6日由国务院发布，共有六章，四十条款。

民用航空安全保卫条例的立法目的是为了防止对民用航空活动的非法干扰，维护民用航空秩序，保障民用航空安全。

（1）《民用航空安全保卫条例》对乘机旅客证件检查的规定　安全检查人员应当检验旅客客票、身份证件和登机牌。

（2）《民用航空安全保卫条例》对乘机旅客实施人身检查的规定　安全检查人员应当使用仪器或者手工对旅客进行安全检查，必要时可以从严检查。

（3）《民用航空安全保卫条例》关于严禁旅客携带违禁物品的规定　除国务院另有规定的外，乘坐民用航空器的，禁止随身携带或者交运下列物品：

① 枪支、弹药、军械、警械；

② 管制刀具；

③ 易燃、易爆、有毒、腐蚀性、放射性物品；

④ 国家规定的其他禁运物品。

（4）《民用航空安全保卫条例》对进入候机隔离区工作人员安全检查的规定　进入候机隔离区的工作人员（包括机组人员）及其携带的物品，应当接受安全检查。接送旅客的人员和其他人员不得进入候机隔离区。

（5）《民用航空安全保卫条例》关于货物检查的规定　空运的货物必须经过安全检查或者对其采取的其他安全措施。货物托运人不得伪报品名或者在货物中夹带危险品。

（6）《民用航空安全保卫条例》关于邮件检查的规定　航空邮件必须经过安全检查。发现可疑邮件时，安全检查部门应当会同邮政部门开包查验处理。

（7）违反《民用航空安全保卫条例》的处罚机关　违反《民用航空安全保卫条例》的处罚机关是机场公安局。

（8）《民用航空安全保卫条例》关于在航空器活动区和维修区内人员、车辆的规定　在航空器活动区和维修区内的人员、车辆必须按照规定路线行进。车辆、设备必须在指定位置停放，一切人员、车辆必须避让航空器。

（9）《民用航空安全保卫条例》关于机场控制区的划分　机场控制区应当根据安全保卫的需要，划定为候机隔离区、行李分拣装卸区、航空器活动区和维修区、货物存放区等，并分别设置安全防护设施和明显标志。

四、《中国民用航空安全检查规则》的相关知识

《中国民用航空安全检查规则》为中国民用航空规章第 339SB 部，即 CCAR-339SB，是民用航空安全工作的规范性文件。于 1999 年 5 月 14 日发布，1999 年 6 月 1 日生效。

《中国民用航空安全检查规则》关于安全检查工作总则的主要规定有：

（1）民用航空安全检查机构，依照有关法律、法规和本规则，通过实施安全检查工作，防止危及航空安全的危险品、违禁品进入民用航空器，保障民用航空器及其所载人员、财产的安全。

（2）安检机构依法对旅客、行李、货物、邮件和其他进入机场控制区的工作人员及其携带物品进行安全检查；对候机隔离区内的人员、物品进行安全监控；对执行飞行任务的民用航空器实施监护。

（3）中国民用航空总局公安局（以下简称民航总局公安局）及其派出机构，对安检机构的业务进行统一管理和检查、监督。从事民用航空活动的单位和人员应当配合安检机构开展工作，共同维护民用航空安全。

（4）安检部门发现有本规则规定的危及民用航空安全行为的，应当予以制止并交由机场公安机关审查处理。

（5）乘坐民用航空器的旅客及其行李，以及进入候机隔离区或民用航空器的其他人员和物品，必须接受安全技术检查；但是，国家规定免检的除外。

（6）安全检查应当收取费用。费用的收取标准按照有关规定执行。

（7）安检工作应当坚持安全第一、严格检查、文明执勤、热情服务的原则。

五、民用航空危险品运输法律、法规基本知识

《中国民用航空危险品运输管理规定》（CCAR-276）由中国民用航空总局于 2004 年 7 月 12 日发布，2004 年 9 月 1 日实施。该规定将《国际民用航空公约》附件 18 和《危险品航空安全运输技术细则》的要求写在规章中，对在中华人民共和国境内运行的载运危险品的国内

和国外航空器进行管理。

《中国民用航空危险品运输管理规定》（CCAR-276）的基本原则有：

（1）航空公司承运危险品必须取得民航总局颁发的危险品运输许可。

（2）无论是否运输商业危险品，航空公司都应编写《危险品手册》和《危险品训练大纲》，建立危险品操作程序（包括隐含危险品的识别程序），对员工进行培训。

（3）托运人有对货物进行正确申报和包装的责任。

（4）运营人有对货物检查的责任。

第三节
安检工作的任务和流程

安检工作包括对乘坐民用航空器的旅客及其行李、进入候机隔离区的其他人员及其物品，以及空运货物、邮件的安全检查；对候机隔离区内的人员、物品进行安全监控；对执行飞行任务的民用航空器实施监护。

机场安检工作流程一般为：

验证→前传→引导和安全门检查→开（箱）包→开机。

一、旅客及行李、货物、邮件的检查

1. 证件检查

对国内航班旅客应当核查其有效乘机身份证件、客票和登机牌。有效乘机身份证件的种类包括：中国籍旅客的居民身份证、临时身份证、军官证、武警警官证、士兵证、军队学员证、军队文职干部证、军队离退休干部证和军队职工证，港、澳地区居民和台湾同胞旅行证件；外籍旅客的护照、旅行证、外交官证等；民航总局规定的其他有效乘机身份证件。对十六岁以下未成年人，可凭其学生证、户口簿或者户口所在地公安机关出具的身份证明放行。对核查无误的旅客，应在其登机牌上加盖验讫章。

对进入隔离区的工作人员应核查其有效证件。包括全民航统一的证件和民航各机场制作的证件。全民航统一的证件主要有空勤登机证、公务乘机通行证、航空安全员执照、特别工作证等证件。民航各机场制作的证件主要有民航工作人员通行证、联检单位人员通行证、外部人员通行证、专机工作证、包机工作证等证件。其他证件有押运证、军事运输通行证、侦察证等。

对进入隔离区的车辆应当核查车辆通行证。包括机场控制区工作专用车辆通行证和其他进入机场控制区的车辆通行证。

2. 人身检查

人身检查如图 7-1 所示。对旅客实施安检时，引导员应当引导旅客逐个通过安全门，提示旅客取出身上的金属物品。通过安全门后再使用手持金属探测器（图 7-2）或手工人身检查的方法进行复查。手工人身检查一般应由同性别安检人员实施。对女性旅客实施检查时，必须由女安检人员进行。

对通过时安全门报警的旅客，应当重复过门检查或使用手持金属探测器或手工人身检查的方法进行复查，排除疑点后方可放行。

图 7-1　人身检查

图 7-2　手持金属探测器

对经过手工人身检查仍有疑点的旅客，经安检部门值班领导批准后，可以将其带到安检室从严检查，检查应当由同性别的两名以上安检人员实施。

3. 物品检查

旅客的托运行李和非托运行李都必须经过安全检查仪器检查。发现可疑物品时应当开箱（包）检查，必要时也可以随时抽查。开箱（包）检查时，可疑物品的托运人或者携带者应当在场。

旅客申明所携物品不宜接受公开检查的，安检部门可根据实际情况，在适当场合检查。

空运的货物应当经过安全检查或存放 24 小时，或者采取民航总局认可的其他安全措施。对空运的急救物品、鲜活货物、航空快件等有时限的货物，应当及时进行安全检查。

对特殊部门交运的保密货物、不宜检查的精密仪器和其他物品，按规定凭免检证明予以免检。

航空邮件应当经过安全检查。发现可疑邮件时，安检部门应当会同邮政部门开包查验处理。

按照国家有关规定应当予以免检的，按照有关规定办理。

二、候机隔离区的安全监控

候机隔离区的安全监控是指对隔离区的管理、清理和检查，禁止未经检查的人与已检人员接触和随意进出，防止外界人员向内传递物品，防止藏匿不法分子和危险物品，保证旅客和隔离区的绝对安全。

（1）经过安全检查的旅客进入候机隔离区以前，安检部门应当对候机隔离区进行清场。

（2）安检部门应当派员在候机隔离区内巡视，对重点部位加强监控。

（3）经过安全检查的旅客应当在候机隔离区内等待登机。如遇航班延误或其他特殊原因离开候机隔离区的，再次进入时应当重新经过安全检查。

（4）因工作需要进入候机隔离区的人员，必须佩带机场公安机关制发的候机隔离区通行证件。上述人员及其携带的物品，应当经过安全检查。安检部门应当在候机隔离区工作人员通道口派专人看守，检查进出人员。

（5）候机隔离区内的商店不得出售可能危害航空安全的商品。商店运进商品应当经过安全检查，同时接受安全部门的安全监督。

（6）隔离区监护人员职责

• 负责旅客到达前的隔离区清场工作，检查隔离区内的设施、设备和物品是否完好，有无藏匿可疑人员或可疑物品。

• 负责对经过安全检查的旅客进行管理，维护隔离区的秩序。

• 负责进出大门、通道的监护，检查进出隔离区工作人员的证件，防止无证非本区域人员和未经安检的物品进入隔离区。

• 负责隔离区的巡视，观察旅客动态，开展调查研究，注意发现可疑动向，如有情况立即报告领导。

• 负责旅客离开登机门后至登机（或上摆渡车）前的管理和监护，防止旅客离开或无关人员混入旅客行列，或互相传递物品。

• 宣传安全检查工作的政策规定，解答旅客询问。

三、民用航空器的监护

民用航空器的监护是指安检部门对执行飞行任务的民用航空器在客机坪短暂停留期间进行监护。

1. 民用航空器的监护任务

（1）担负对民用航空器监护区的清查监护，对出、过港民用航空器，经过安全技术检查的旅客及其手提行李实施监护。

（2）严禁无证无关人员及车辆进入监护区域或无证、无关人员混入旅客行列登上航空器。

（3）防止武器、凶器、弹药、易燃、易爆、毒害品、放射性物品以及其他危害航空器、旅客安全的违禁物品带入监护区或带上航空器。

（4）注意发现可疑人员，防止劫、炸机分子强行登机，进行破坏活动。

2. 飞机监护的时间规定

（1）对出港航空器的监护，从机务人员移交监护人员时起，至旅客登机后航空器滑行时止；对过港航空器的监护从其到达客机坪时开始，至旅客登机后航空器滑行时止；对执行国际、地区及特殊管理的国内航线飞行任务的进港航空器的监护，从其到达机坪时开始至旅客下机完毕机务人员开始工作为止。

（2）对当日首班出港航空器，监护人员应在起飞时间前90分钟与机务人员办理交接手续。

（3）对执行航班任务延误超过90分钟的航空器由安检部门交由机务人员管理，至确定起飞时间前60分钟由机务人员移交安检部门实施监护。

3. 监护岗位职责

（1）对航空器和经过安全技术检查的旅客及手提行李进行监护。

（2）对候机楼、隔离区和其他监护区实施清场。

（3）防止无关人员、车辆进入监护区或登机。

（4）防止未经安全技术检查的物品被带入监护区或航空器。

（5）防止发生劫机分子强行登机或地面炸机等破坏活动。

空勤人员登机时，民用航空器监护人员应当查验其"中国民航空勤登机证"。加入机组执行任务的非空勤人员，应当持有"中国民航公务乘机通行证"和本人工作证（或学员证）。

对上述人员携带的物品,应当查验是否经过安全检查;未经过安全检查的,不得带上民用航空器。

在出、过港民用航空器关闭舱门准备滑行时,监护人员应当退至安全线以外,记载飞机号和起飞时间后,方可撤离现场。

民用航空器监护人员接受和移交航空器监护任务,应当与机务人员办理交接手续,填写记录,双方签字。

民用航空器客、货舱装载前的清舱工作由航空器经营人负责。必要时,经民航公安机关或安检部门批准,公安民警、安检人员可以进行清舱。

四、安全检查岗位主要职责

1. 基础岗位职责

基础岗位包括待检区维序检查岗位、前传检查员岗位。其职责是:

（1）维持待检区秩序并通知旅客准备好身份证件、客票和登机牌。

（2）开展调查研究工作。

（3）在安全技术检查仪传送带上正确摆放受检行李物品。

2. 验证检查员岗位职责

（1）负责对乘机旅客的有效身份证件、客票、登机牌进行核查,识别涂改、伪造、冒名顶替以及其他无效证件。

（2）开展调查研究工作。

（3）协助执法部门查控在控人员。

3. 人身检查岗位职责

人身检查岗位包括引导和安全门检查两个具体岗位。其职责是:

（1）引导旅客有秩序地通过安全门。

（2）检查旅客自行放入盘中的物品。

（3）对旅客人身进行仪器或手工检查。

（4）准确识别并根据有关规定正确处理违禁物品。

4. X射线检查仪操作员岗位职责

（1）按操作规程正确使用 X 射线检查仪。

（2）观察辨别监视器上受检行李（货物、邮件）图像中的物品形状、种类,发现、辨认违禁物品或可疑图像。

（3）将需要开箱（包）检查的行李（货物、邮件）及重点检查部位准确无误地通知开箱（包）检查员。

5. 开箱（包）检查员职责

（1）对旅客行李（货物、邮件）实施开箱（包）手工检查。

（2）准确辨认和按照有关规定正确处理违禁物品。

（3）开具暂存或移交物品单据。

6. 仪器维修岗位职责

（1）负责各种安全技术检查仪器的安装、调试工作。

（2）负责安全技术检查仪器的定期维护保养。

（3）负责安全技术检查仪器故障的修理，保证安检仪器正常运行。

7. 现场值班领导岗位职责

（1）负责向当班安检人员传达上级有关指示和通知。

（2）提出本班要求和注意事项。

（3）组织协调安检现场勤务。

（4）督促检查各岗位责任制的落实情况。

（5）按规定处理安检现场发生的问题。

五、安检工作中特殊情况的处置

（1）拒绝接受安全检查的人员，不准登机或进入候机隔离区，损失自行承担。

（2）对持居民身份证复印件、伪造或变造证件、冒用他人证件者不予放行登机。

（3）对有下列情形之一者，应带至安检值班室进行教育；情节严重的，交由民航公安机关处理：

① 逃避安全检查的；

② 妨碍安检人员执行公务的；

③ 携带危险品、违禁品又无任何证明的；

④ 扰乱安检现场工作秩序的。

（4）有下列威胁航空安全行为之一的，交由民航公安机关查处：

① 携带枪支、弹药、管制刀具及其仿制品进入安检现场的；

② 强行进入候机隔离区不听劝阻的；

③ 伪造、冒用、涂改身份证件乘机的；

④ 隐匿携带危险品、违禁品企图通过安全检查的；

⑤ 在托运货物时伪报品名、弄虚作假或夹带危险物品的；

⑥ 其他威胁航空安全的行为。

（5）对违反《中华人民共和国民用航空安全保卫条例》第三十二条规定，携带《禁止旅客随身携带或者托运的物品》所列物品的，安检部门应当及时交由民航公安机关处理。

（6）对违反《中华人民共和国民用航空安全保卫条例》第三十三条规定，携带《禁止旅客随身携带但可作为行李托运的物品》所列物品的，应当告诉旅客可作为行李托运或交给送行人员；如来不及办理托运，安检部门按规定办理手续后移交机组带到目的地后交还。

不能按上述办法办理的，由安检部门代为保管。安检部门应当登记造册，妥善保管；对超过三十天无人领取的，及时交由民航公安机关处理。

（7）对含有易燃物质的生活用品实行限量携带。对超量部分可退给旅客自行处理或暂存于安检部门。

安检部门对旅客暂存的物品，应当为物主开具收据，并进行登记。旅客凭收据在三十天内领回；逾期未领的，视为无人认领物品按月交由民航公安机关处理。

 案例分析

男子冒充飞行员，畅行登机

2008 年 4 月 14 日，23 岁贵州男子舒某进入首都机场 1 号航站楼内，身穿飞行员制服、

手提飞行箱和过夜包、胸前挂着空勤登机证。两天前，舒某曾经试图以飞行员的身份登上一架班机，对机长说要"加入机组"（民航专用术语，意指民航有关工作人员通过办理专门手续，可享有免费乘机的待遇），遭到当次航班机长拒绝。但这却让他意外结识了机场查验登机牌的地勤人员袁某。舒某决定利用这个 17 岁的哈尔滨姑娘完成他的计划。

13 日，舒某以飞行员的身份约袁某在北京玩了一整天。有了袁某这层关系，舒某 14 日在其陪同下顺利通过了机场安检。到达飞往贵阳班机的登机口后，舒某将飞行箱包放在廊桥外，找到该航班的乘务长说要见机长，因为只有机长才能决定他是否能乘这趟航班。见到机长后，舒某自称是某航空公司的飞行员，要求以飞行员的身份加入机组飞往贵阳。该航班的机长当即表示同意。

就在舒某拿好自己的箱包准备上飞机时，安保人员要求他出示加入机组的相关证明。舒某说机长已经同意，安保人员询问机长后便放他登上客机。

也许是过于顺利，上了飞机的舒某有些得意。起飞前，他在驾驶舱与机长聊了大约 20 分钟，待飞机将要起飞时，他坐到了头等舱。机长在与舒某的闲聊中发现舒某所说的某公司的情况与实际不符，进而对他身份的真实性产生了怀疑，待飞机平飞后，就对其进行了秘密监控。飞机降落后，机长派人将舒某带到公司保卫部，后移交贵阳机场公安部门处理。

提醒：

对于加入机组，民航在程序和手续上有严格规定。航空公司空勤人员要加入机组，应该持有效的空勤登机证、公务乘机证，经签派将其列入《飞行任务书》中，并按照《飞行任务书》中所列班次执行飞行任务。

思考与练习

1. 安检工作的主要任务有哪些？
2. 设立安检工作机构需具备哪些条件？
3. 简述人身检查的要领和岗位职责。
4. 民用航空器的监护任务是什么？
5. 能力项目训练

情景模拟：验证柜台和开箱包柜台。对两名旅客进行证件检查，其中一名旅客值机记录不完整。另一名旅客戴墨镜、口罩，随身携带一个旅行箱，箱内有日常用化妆品（含液体 500 毫升）、衣服、锂电池、打火机、另有一盒起子工具组。

要求：

（1）按照验证程序和方法进行操作。
（2）开箱检查，对部分物品做出合理处置。
（3）针对工作情景设计服务对话，要求执勤时语言规范，对工作流程处置应合理规范。

第八章

联检服务

知识目标

了解海关对入出境物品管理的规定；了解边防检查主要证件（护照和签证）的基本知识；了解动植物检疫的相关规定。

技能目标

能判断旅客携带物品是否符合海关对出入境物品的相关规定；掌握边防检查的内容和程序。

联检是指由口岸单位对出入境行为实施的联合检查。包括边防检查、海关检查、检验检疫三个部分。

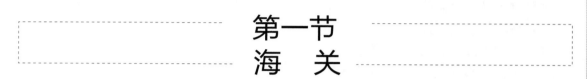

第一节
海　关

中华人民共和国海关是国家的进出关境监督管理机关，是依据本国（或地区）的法律、行政法规行使进出口监督管理职权的国家行政机关。

依照《中华人民共和国海关法》等有关法律、法规，中国海关主要承担4项基本任务：监管进出境运输工具、货物、物品；征收关税和其他税、费；查缉走私；编制海关统计和办理其他海关业务。根据这些任务主要履行通关监管、税收征管、加工贸易和保税监管、海关统计、海关稽查、打击走私、口岸管理7项职责。

一、进出境旅客通关

进出境旅客通关：指进出境旅客向海关申报，海关依法查验行李物品并办理进出境物品征税或免税验放手续，或其他有关监管手续之总称。

旅客通关应遵循的基本原则有：

（1）根据《中华人民共和国海关法》和其他有关法规的规定，向海关办理申报手续的进出境旅客通关时，应首先在申报台前向海关递交《中华人民共和国海关进出境旅客行李物品申报单》或海关规定的其他申报单证，如实申报其所携运进出境的行李物品。

（2）申报手续应由旅客本人填写申报单证向海关办理，如委托他人办理，应由本人在申报单证上签字。接受委托办理申报手续的代理人应当遵守本规定对其委托人的各项规定，并承担相应的法律责任。

（3）在海关监管场所，海关在通道内设置专用申报台供旅客办理有关进出境物品的申报手续。

经中华人民共和国海关总署批准实施双通道制的海关监管场所，海关设置"申报"通道（又称"红色通道"）和"无申报"通道（又称"绿色通道"）供进出境旅客依本规定选择。不明海关规定或不知如何选择海关通道的旅客，应选择"红色通道"通关。

（4）持有中华人民共和国政府主管部门给予外交、礼遇签证的进出境非居民旅客和海关给予免验礼遇的其他旅客，通关时应主动向海关出示本人护照（或其他有效进出境证件）和身份证件。

二、入出境物品的管理

1. 禁止入境物品

（1）各种武器、仿真武器、弹药及爆炸物品；

（2）伪造的货币及伪造的有价证券；

（3）对中国政治、经济、文化、道德有害的印刷品、胶卷、唱片、照片、影片、录像带、录音带、激光视盘、计算机存储介质及其他物品；

（4）各种烈性毒药；

（5）鸦片、吗啡、海洛因、大麻以及其他使人成瘾的麻醉品、精神药物；

（6）带有危险性病菌、害虫及其他有害生物的动物、植物及其产品；

（7）有碍人畜健康的、来自疫区的以及其他能传播疾病的食品、药品或其他物品。

2. 禁止出境的物品

（1）列入禁止入境范围的所有物品；

（2）珍贵文物及其他禁止出境的文物；

（3）濒危的和珍贵的动物、植物及其种子和繁殖材料；

（4）内容涉及国家机密的手稿、印刷品、胶卷、照片、唱片、影片、录像带、录音带、激光视盘、激光唱盘、计算机存储介质及其他物品。

3. 部分物品限制入出境的规定

（1）携运金银及其制品进出境　每人携带的金银限额为：黄金饰品 5 市钱（1 市钱＝5 克），白银饰品 5 市两（1 市两＝50 克）。经海关查验符合规定的准予放行，回程时，必须将原物带回。

携带金银制品超出上述规定的，必须在出境前持有关证明到当地中国人民银行或其委托机构，验明所带金银及其产品名称、数量后，申领"携带金银出境许可证"，海关凭此查验放行。

（2）外汇　旅客携带外币、旅行支票、信用证等进境，数量不受限制。居民旅客携带 1000 美元（非居民旅客 5000 美元）以上或等值的其他外币现钞进境，须向海关如实申报；复带出境时，海关验凭本次进境申报的数额核放。旅客携带上述情况以外的外汇出境，海关验凭国家外汇管理局制发的"外汇携带证"查验放行。

（3）携运和邮运文物出口　根据我国文物保护法及海关有关规定，携带、托运和个人邮寄文物出境，都必须事先向海关申报，并经有关文化行政管理部门鉴定，开具许可出口证明。1949 年以后制作的文物仿制品和复制品，以及一般现代书画作品不属于文物范围。办理文物出口许可手续的有北京、天津、上海、广州 4 个口岸及省属文物管理部门。

（4）人民币　旅客携带人民币出入境，限额为 6000 元。超出 6000 元的不准出入境。

（5）旅行自用物品　非居民旅客及持有前往国家或地区再入境签证的居民旅客携进旅行自用物品限照相机、便携式收录音机、小型摄影机、手提式摄录机、手提式文字处理机每种一件。超出范围的，需向海关如实申报，并办理有关手续。经海关放行的旅行自用物品，旅客应在回程时复带出境。

（6）中药材、中成药　旅客携带中药材、中成药出境，前往国外的，总值限人民币 300 元；前往港澳地区的，总值限人民币 150 元。

进境旅客出境时携带用外汇购买、数量合理的自用中药材、中成药，海关凭有关发货票和外汇兑换水单放行。

麝香以及超出上述规定限值的中药材、中成药不准出境。

（7）旅游商品 进境旅客出境时携带用外汇在我境内购买的旅游纪念品、工艺品，除国家规定应申领出口许可证或者应征出口税的品种外，海关凭有关发货票和外汇兑换水单放行。

第二节
边 防

出入境边防检查是为了保卫国家的主权和安全，通过设在对外开放口岸的边防检查机关依法对出入境人员、交通运输工具及其携带、载运的行李物品、货物等实施检查、监督的一项行政管理活动。

一、出入境边防检查机关的职权

（1）阻止出境、入境权 对于国家出入境管理和边防检查法律、法规规定的不准出境入境的各类人员，边防检查机关有在通行口岸阻止其出境、入境行为的职权。

（2）扣留或者收缴出境、入境证件权 在被阻止出境、入境的人员中，有几种情形情节比较严重（或具有欺骗性质，或根本不允许出境、入境），为防止其继续使用现有证件进行非法出入境活动，边防检查机关有扣留、收缴其出境、入境证件的职权。

（3）限制出境、入境人员活动范围权 对于应予阻止出境、入境的各种嫌疑人，为将情况调查清楚或将其移送有关机关处理，边防检查机关有权对其活动范围进行暂时的限制。

（4）出入境枪支弹药管理权 边防检查机关有对出入境枪支弹药的管理权，主要内容是为出境、入境、过境旅客携带或者托运的枪支弹药办理携带、托运手续，或进行口岸封存。为出境、入境交通运输工具携带的枪支弹药办理加封存、启封手续。

（5）口岸警戒权 为维护出入境秩序，边防检查机关对口岸限定的区域，有施行警戒的职权。

（6）行政处罚权

① 对违反出入境边防检查法规的处罚。对于违反该《条例》有关规定的人员，按《条例》规定的适用条款处罚。

② 对违反国家出入境管理法律和其他出入境管理法规的处罚。触犯国家出入境管理法律或其他出入境管理法规的规定，对此，边防检查机关根据有关法律、法规的授权依适用条文进行处罚。

③ 对违反口岸管理制度的处罚。

（7）追究刑事责任权 主要是违反《出境入境边防检查条例》情节严重构成犯罪的人员。同时，对于在边防检查过程中发现的叛国外逃、偷越国（边）境、破坏国界标志、走私贩毒、私运违禁物品等与本职工作有关的犯罪案件的行为人，也有权追究其刑事责任。

二、出入境证件检查

公安边防检查部门依据《边防检查条例》代表国家行使入出境管理。对外国人、港澳同胞、台湾同胞、海外侨胞，中国公民因公、因私入出境进行严格的证件检查。

外国人来中国，应当向中国的外交代表机关、领事机构或者外交部授权的驻外机关申请办理签证（互免签证的除外）。除签证上注明入、出境口岸的外，所有入出境人员，可从全国开放口岸入出境。

外国人到达中国口岸后，要接受边防检查站的检查。填写入境登记卡，交验本人的有效护照或者其他出境、入境证件（以下简称出境、入境证件），经查验核准后，加盖入境验讫章，收缴入境登记卡后方可入境。

以下介绍一些关于护照、签证和其他常见证件的基础知识。

1. 护照

护照（passport）是一个国家的公民出入本国国境和到国外旅行或居留时，由本国发给的一种证明该公民国籍和身份的合法证件。护照一词在英文中是口岸通行证的意思。也就是说，护照是公民旅行通过各国国际口岸的一种通行证明。所以，世界上一些国家通常也颁发代替护照的通行证件。

（1）护照种类　中国的护照分为外交护照、公务护照和普通护照。普通护照又分因公普通护照和因私普通护照。还有香港特别行政区护照和澳门特别行政区护照。

① 外交护照一般是颁发给具有外交身份的人员使用的护照，如外交官员、领事官员和到外国进行国事活动的国家元首、政府首脑、国会或政府代表团成员等，都使用外交护照。根据国际惯例，上述人员的配偶和未成年子女，一般也发给外交护照。

② 公务护照是发给国家公务人员的护照，也有的国家称这种供政府官员使用的护照为"官员护照"。此外，各国都把这种护照发给驻外使（领）馆中的不具有外交身份的工作人员及其配偶和成年子女。

③ 因公普通护照主要发给中国国有企业、事业单位出国从事经济、贸易、文化、体育、卫生、科学技术交流等公务活动的人员、公派留学、进修人员、访问学者及公派出国从事劳务的人员等。

④ 因私普通护照发给定居、探亲、访友、继承遗产、自费留学、就业、旅游和其他因私人事务出国和定居国外的中国公民。

（2）护照的内容　护照本身的内容，各个国家都比较相近。封面印有国徽和国名的全称及护照种类的名称，封底都印有使用护照的注意事项，封里一般都印有"请各国军政机关对持照人予以通行的便利和必要的协助"等。

2012 年 5 月 15 日，我国电子普通护照正式启用，这标志着我国公民的国际旅行证件进入全数字化时代。

电子普通护照第一页有持照人的护照号码、姓名、性别、国籍、出生日期、出生地点、签发日期、签发地点、有效期至、签发机关及持照人签名等，并贴有执照人照片。

电子普通护照与旧版护照对比有较大差别（见图 8-1），具体体现如下：

① 在护照封面的底部位置增加了一个电子芯片图标。

② 旧版护照第一页有持照人身份证信息，而电子护照第一页无身份证信息。

③ 旧版护照共有 32 页内页；电子护照内页为 48 页，增加多页签证页，并且增加了一页应急资料，该页内容包括持照人血型、亲友姓名、住址及电话等。

④ 内页背景图有巨大变化。采用了以"辉煌中国"为主题的图案元素，并采用常光、荧光、水印三种形式表现。其中，常光和荧光表现的是我国 31 个省、自治区、直辖市以及港澳台各地标志性景观。而水印是我国 56 个民族的人物形象。

电子普通护照

旧版护照

图 8-1　电子普通护照与旧版护照对比

⑤ 护照编号，由原来的 G 开头编码变为了 E 开头编码。采用了激光穿孔技术，提高了防伪能力。

⑥ 护照芯片放在护照的最后一页，芯片里储存了持照人的数字化个人资料，包括姓名、性别、出生日期、出生地等基本信息，还有护照有效期、签发日期、签发地等资料，还加入了相貌、指纹、虹膜等持照人的生物特征。

（3）护照的有效期限　护照有一定的有效期限，各个国家所规定的有效期限不同。

我国的外交护照和公务护照有效期不超过五年。公务护照和因公普通护照分为一次有效和多次有效两类。多次有效护照的有效期为五年，是发给在一定时期内需要多次出入我国国境的人员；一次有效护照的有效期为两年，是发给在一定时期内一次出入我国国境的人员。一次有效因公普通护照和一次有效公务护照满两年后，如有需要，可在国（内）外按规定手续申请延期一次。延长期限根据需要决定，但最长不得超过两年。一次有效因公普通护照的标志是护照的扉页在护照号码前有"Y"字样；在第 4 页上方有"……持照人在护照有效期内可出入中国国境一次"字样。

我国的因私普通护照有效期为 10 年。有效期为五年的护照，过期前可申请延期两次，每次不超过五年。申请延期应在护照有效期满前办理。在国内延期手续可到各级颁发护照的机关办理；在国外，由中国驻外国的外交代表机关、领事机关或者外交部授权的其他驻外机关办理。

2007 年 1 月 1 日开始，我国的护照不再办理延期的手续，改为直接换领新的护照。香港特别行政区护照有效期为 10 年。

（4）护照使用的注意事项

① 护照为重要身份证件，应妥为保存使用，不得损毁、涂改、转让。

② 颁发护照和护照延期、加注及换发、补发由省、自治区、直辖市公安厅（局）及授权的公安机关和中华人民共和国驻外国的外交代表机关、领事机关或者外交部授权的其他驻外机关办理。

③ 已经在外国定居的公民要及时向中国驻外国的外交代表机关、领事机关办理加注

手续。

④ 护照遗失应立即向当地公安机关或者中国驻外国的外交代表机关、领事机关报告。最后是持照人的职业、籍贯、身高、眼睛和头发的颜色、显著特征等。此外，护照内一般还包括"偕行儿童"的照片、姓名、性别、出生日期、加注日期等。

2. 签证

签证（visa），是一个国家的主权机关在本国或外国公民所持的护照或其他旅行证件上的签注、盖印，以表示允许其出入本国国境或者经过国境的手续，也可以说是颁发给他们的一项签注式的证明。概括地说，签证是一个国家的出入境管理机构（例如移民局或其驻外使领馆），对外国公民表示批准入境所签发的一种文件。

签证是一个主权国家为维护本国主权、尊严、安全和利益而采取的一项措施，是一个主权国家实施出入本国国境管理的一项重要手段。

签证一般都签注在护照上，也有的签注在代替护照的其他旅行证件上，有的还颁发另纸签证。如美国和加拿大的移民签证是一张 A4 大的纸张，新加坡对外国人也发一种另纸签证，签证一般来说须与护照同时使用，方有效力。

（1）签证的种类

① 根据出入境情况可分为：出境签证、入境签证、出入境签证、再入境签证和过境签证等六种类别。出境签证只许持证人出境，如需入境，须再办入境签证。入境签证即只准许持证人入境，如需出境，须再申办出境签证。出入境签证的持证人可以出境，也可以再入境。多次入出境签证的持证人在签证有效期内可允许入出境。

② 根据出入境事由常规可分为：外交签证、公务签证、移民签证、非移民签证、礼遇签证、旅游观光签证、工作签证、留学签证、商务签证以及家属签证等。每个国家情况不一样。

③ 根据时间长短分为：长期签证和短期签证。长期签证的概念是，在前往国停留 3 个月以上。申请长期签证不论其访问目的如何，一般都需要较长的申请时间。在前往国停留 3 个月以内的签证称为短期签证，申请短期签证所需时间相对较短。

④ 依据入境次数可分为：一次入境和多次入境签证。

⑤ 依据使用人数可分为：个人签证和团体签证。

⑥ 依据为持有人提供的方便有：另纸签证、落地签证等。

⑦ 依据申请人的入境目的，签证可分为移民签证和非移民签证。获得移民签证的，是指申请人取得了前往国的永久居留权，在居住一定时期后，可成为该国的合法公民。而非移民签证则可分为商务、劳务、留学、旅游、医疗等几个种类。

⑧ 按签证式样可分为：印章式签证及粘贴式签证。

⑨ 其他常见的签证

a. 返签证。是指由邀请方为来访人员在前往国国内的出入境管理部门办好签证批准证明，再连同申请人的护照、申请表格等材料呈递该国驻来访人员国家使领馆。驻来访人员国家使领馆凭批准材料，在申请人护照上签证，无须请示国内相关部门。一般说来，获得返签就意味着入境获得批准。目前实行返签的国家大多在亚洲，如日本、韩国、印尼、新加坡、马来西亚等。

b. 口岸签证。是指在前往国的入境口岸办理签证（又称落地签证）。一般说来，办理口岸签证，需要邀请人预先在本国向出入境管理部门提出申请，批准后，将批准证明副本寄给出访人员。后者凭该证明出境，抵达前往国口岸时获得签证。目前，对外国公民发放口岸签证的国家主要是西亚、东南亚、中东及大洋洲的部分国家。

c. 互免签证。互免签证是随着国际关系和各国旅游事业的不断发展，为便利各国公民之间的友好往来而发展起来的，是根据两国间外交部签署的协议，双方公民持有效的本国护照可自由出入对方的国境，而不必办理签证。互免签证有全部互免和部分互免之分。截至2011年11月，我国已与阿尔巴尼亚、巴西、俄罗斯、泰国等70多个国家签订了互免签证的协议。

d. 过境签证。当一国公民在国际间旅行，除直接到达目的地外，往往要途经一两个国家才能最终进入目的地国境。这时不仅需要取得前往国家的入境许可，而且还必须取得途经国家的过境许可，这就称之为过境签证。关于过境签证的规定，各国不尽相同。不少国家规定，凡取道该国进入第三国的外国人，不论停留时间长短，一律需要办理签证。按照国际惯例，如无特殊限制，一国公民只要持有有效护照、前往国入境签证或联程机票，途经国家均应发给过境签证。

目前，世界上大多数国家的签证分为：外交签证、公务（官员）签证和普通签证。中华人民共和国的签证主要有外交签证、礼遇签证、公务签证和普通签证等四种，是发给申请入境的外国人。我国普通签证有八种：D—定居、Z—职业、X—学习、F—访问、L—旅游、C—乘务、G—过境、J-1（2）—长驻（临时）记者。

（2）签证内容 各国签证涉及的内容并不相同，但有些基本信息是共通的，如：前往国家、签证序号、有效期、允许停留天数；姓名、出生日期、护照号码、性别、照片等。

（3）签证的有效期和停留期

① 签证的有效期 是指从签证签发之日起到以后的一段时间内准许持有者入境的时间期限，超过这一期限，该签证就是无效签证。一般国家发给3个月有效的入境签证，也有的国家发给1个月有效的入境签证。有的国家对签证有效期限制很严，如德国只按申请日期发放签证。过境签证的有效期一般都比较短。

② 签证的停留期 是指持证人入境该国后准许停留的时间。它与签证有效期的区别，在于签证的有效期是指签证的使用期限，即在规定的时间内持证人可出入或经过该国。如某国的入、出境签证有效期为3个月，停留期为15天，那么，这个签证从签发日始3个月内无论哪一天都可以入、出该国国境，但是，从入境当日起，到出境当日止，持证人在该国只能停留15天。有的国家签发必须在3个月之内入境，而入境后的停留期为1个月；有的国家签证入境期限和停留期是一致的。如美国访问签证的有效期和停留期都是3个月，即在3个月内入境方为有效，入境后也只能停留3个月。签证有效期一般为1个月或者3个月；最长的一般为半年或者1年以上，如就业和留学签证；最短的为3天或者7天，如过境签证。

3. 其他证件

（1）大陆居民往来台湾通行证；

（2）中华人民共和国旅行证；

（3）中华人民共和国入出境通行证；

（4）中华人民共和国海员证；

（5）港澳同胞回乡证；

（6）卡式港澳同胞来往内地通行证；

（7）台湾居民来往大陆通行证；

（8）中华人民共和国往来港澳通行证；

（9）因公往来香港澳门特别行政区通行证（红皮）。

第三节
检验检疫

一、卫生检疫

国境卫生检疫是为了防止传染病由国外传入或由国内传出，在国际通航的港口、机场、陆地边境和国界江河口岸设立国境卫生检疫机关，对进出国境人员、交通工具、货物、行李和邮件等实施医学检查和必要的卫生处理，这种综合性的措施称为国境卫生检疫。

海外人士入境，应根据国境检疫机关的要求如实填报健康申明卡，传染病患者隐瞒不报，按逃避检疫论处。一经发现，禁止入境；已经入境者，让其提前出境。

卫生检疫主要内容有以下：

（1）入境、出境的微生物、人体组织、生物制品、血液及其制品等特殊物品的携带人、托运人或者邮递人必须向卫生检疫机关申报并接受卫生检疫，未经卫生检疫机关许可，不准入境、出境。海关凭卫生检疫机关签发的特殊物品审批单放行。

（2）入境、出境的旅客、员工个人携带或者托运可能传播传染病的行李和物品应当接受卫生检查。卫生检疫机关对来自疫区或者被传染病污染的各种食品、饮料、水产品等应当实施卫生处理或者销毁，并签发卫生处理证明。海关凭卫生检疫机关签发的卫生处理证明放行。

（3）来自黄热病疫区的人员，在入境时，必须向卫生检疫机关出示有效的黄热病预防接种证书。对无有效的黄热病预防接种证书的人员，卫生检疫机关可以从该人员离开感染环境的时候算起，实施六日的留验，或者实施预防接种并留验到黄热病预防接种证书生效时为止。入境、出境的交通工具、人员、食品、饮用水和其他物品以及病媒昆虫、动物均为传染病监测对象。

（4）卫生检疫机关阻止患有艾滋病、性病、麻风病、精神病、开放性肺结核的外国人入境。来中国定居或居留一年以上的外国人，在申请入境签证时，需交验艾滋病血清学检查证明和健康证明书，在入境后30天内到卫生检疫机关接受检查或查验。

二、动植物检疫

动植物检疫部门是代表国家依法在开放口岸执行进出境动植物检疫、检验、监管的检验机关。动植物检疫部门依据《进出境动植物检疫法》，对进出境动植物、动植物产品的生产、加工等过程实施检疫，为防止传染病及有害生物传入、传出国境。

禁止下列各种物品入境：

（1）动植物病原体（包括菌种、毒种等）、害虫及其他有害生物。

（2）动植物疫情流行的国家和地区的有关动植物、动植物产品和其他检疫物。

（3）动物尸体及标本。

（4）土壤。口岸动植物检疫机关发现有禁止进境物的，作退回或者销毁处理。因科学研究等特殊需要引进按规定禁止进境的必须事先提出申请，经国家动植物检疫机关批准。

（5）其他。

检疫法规定，携带规定名录以外的动植物、动植物产品和其他检疫物进境的，在进境时向海关申报并接受口岸动植物检疫机关的检疫。携带动物进境的，必须持有输出国家或者地区的检疫证书等证件。旅客携带伴侣动物进境的，根据 1993 年农业部和海关总署关于实施《关于旅客携带伴侣犬、猫进境的管理规定》的通知，每人限 1 只。携带的伴侣犬、猫必须持有输出国（或地区）官方检疫机关出具的检疫证书和狂犬病免疫证书。口岸动植物检疫机关对旅客携带的动物实施为期 30 天的隔离检疫，经检疫合格的准予进境，检疫不合格的由检疫机关按有关规定处理。

 案例分析

旅客超量携带宗教印刷品入境

2008 年 8 月 17 日昆明海关在对 4 名美籍旅客携带入境物品查验时，发现其携带 315 本中文版《圣经》未向海关申报。上述数量明显超出自用合理数量范围，且当事人无法出示批准进境有关证明。

海关对超出自用合理数量的宗教印刷品进行代保管处理，要求其取得相关批准证明后再行办理海关通关手续，或在规定时限内办理物品的退运手续。

我国海关对个人携带、邮寄进境的宗教印刷品及音像制品在自用、合理数量范围内的，准予进境。根据国家宗教事务局发布的《宗教事务方面部分行政许可项目实施细则》第四项"外国人携带用于宗教文化学术交流（超出自用数量）的宗教用品入境审批"第六条规定："自用数量的范围指每种 1 至 3 个基本单位（本、册、盒等）。" 4 名旅客携带的《圣经》已经明显超过了规定的数量。

根据《中华人民共和国海关进出境印刷品及音像制品监管办法》第十条规定，超出个人自用、合理数量进境或以其他方式进口的宗教类印刷品及音像制品，海关凭国家宗教事务局、其委托的省级政府宗教事务管理部门或者国务院其他行政主管部门出具的证明予以征税验放。无相关证明的，海关按照《中华人民共和国海关行政处罚实施条例》第二十条规定，运输、携带、邮寄国家禁止进出境的物品进出境，未向海关申报但没有以藏匿、伪装等方式逃避海关监管的，予以没收，或者责令退回，或者在海关监管下予以销毁或者进行处理。

昆明海关依法对当事人作出解释说明，但 4 名旅客仍拒绝在"海关代保管物品凭单"上签字，并拒绝离开海关监管现场。经过海关工作人员的耐心解释与劝说，8 月 18 日 17 时 50 分，该 4 名旅客按照海关有关规定办理了通关手续，离开海关监管现场。

  思考与练习

1. 海关对哪些物品有出入境的限制规定？

2. 简述护照和签证的作用。

3. 列举部分和我国签有互免签证的协议国。

4. 简述动物检疫的程序。

5. 结合所学知识，谈谈接待来自疫区旅客的程序。

Chapter 09

第九章

特殊旅客运输服务

学习目标

知识目标

明确重要旅客的分类标准；明确病残旅客的分类；熟悉不同类型的特殊旅客及其运输要求。

技能目标

能判断哪些旅客属于特殊旅客；能准确说出不同类型特殊旅客的接收规定；掌握特殊旅客运送各岗位的工作；按照规定正确处理各种特殊旅客的运输问题。

特殊旅客是指需要给予特殊礼遇和照顾的旅客，或由于其身体和精神状况需要给予特殊照料，或在一定条件下才能承运的旅客。

特殊旅客包括：重要旅客、婴儿和无成人陪伴儿童、孕妇、残障旅客、生病旅客、老年旅客、酒醉旅客、额外占座旅客、犯罪嫌疑人及对其押解者、无签证过境旅客等。

第一节
重要旅客运输

重要旅客是航空运输保证的重点，认真做好重要旅客运输服务工作是民航运输部门的一项重要任务。

一、重要旅客的范围

（1）省、部级（含副职）以上的负责人；

（2）军队在职正军职少将以上的负责人；

（3）公使、大使级外交使节；

（4）由各部委以上单位或我驻外使、领馆提出要求按重要旅客接待的客人。

二、重要旅客的分类

1. 最重要的旅客（VVIP）

我国党和国家领导人；外国国家元首和政府首脑；外国国家议会议长和副议长；联合国秘书长。

2. 一般重要旅客（VIP）

政府部长，省、自治区、直辖市人大常委会主任，省长，自治区人民政府主席，直辖市市长和相当于这一级的党政军负责人；我国和外国大使，国际组织负责人，国际知名人士，著名议员，著名文学家、科学家和新闻界人士等；我国和外国全国性重要群众团体负责人。

3. 工商界重要旅客（CIP）

包括工商业、经济和金融界有影响的重要人士；旅游业重要的领导人；国际空运企业组织、空运企业重要的负责人。

三、重要旅客的接待

1. 重要旅客航班的载运限制

载有重要旅客的航班严禁载运押送犯人；严禁接收重病号或担架旅客；在接收婴儿、儿童及无成人陪伴的儿童时，应严格按规定办理；座位不得超售。

2. 运送重要旅客的工作程序

（1）重要旅客订座，接待单位需出示单位介绍信。承运人应优先安排，予以保证，如人数较多安排确有困难时，应立刻向上级部门反映。

（2）接受订座时询问清楚以下情况，并做好详细记录。

① 航班（含联程、回程）、日期，并做好详细记录；

② 姓名、职务；

③ 特别服务要求；

④ 随行人员人数；

⑤ 联系电话、联系人；

⑥ 是否愿意公开身份。

（3）建立 PNR，并在重要旅客订座记录的 OSI 组注明 VIP 姓名、职务。

（4）出票时，除按规定填写客票外，在重要旅客的姓名后加注"VIP"字样，在电子客票行程单上加盖"重要旅客"专用章，客票内所填项目应与订座记录逐一核对，并交值班主任检查，确保航班号、日期、起飞时间正确无误。

（5）按照 VIP 信息传递图传送重要旅客运输信息。

（6）办理乘机手续柜台应预留好重要旅客和随同人员的座位，在重要旅客的托运行李上拴挂 VIP 行李识别牌，填制特殊旅客服务通知单，重要旅客乘机手续应随到随办，办完后，由服务人员引导到贵宾室等候登机。

（7）拍发 VIP 运送电报给经停站和目的站。

第二节
婴儿、儿童与孕妇服务

一、婴儿服务

婴儿，是指出生满 14 天以上但年龄不满 2 周岁的婴儿。由于新生儿的抵抗力差，呼吸功能不完善，咽鼓管较短，鼻咽部常有黏液阻塞，飞机升降时气压变化大，对身体刺激大，新生儿又不会做吞咽动作，难以保持鼓膜内外压力平衡，因此，对婴儿乘坐飞机要有一定的限制条件，一般航空公司不予承运出生不足 14 天的婴儿和出生不足 90 天的早产婴儿。

每位成人旅客最多可携带 2 名婴儿。超过 1 名的婴儿需要按同一航班成人普通票价的 50% 购买儿童票，将为其提供与成人旅客相同的免费行李额。

二、无成人陪伴儿童

无成人陪伴儿童是指年龄在五周岁至十二周岁以下的无成人陪伴、单独乘机的儿童。年龄在五周岁以下的无成人陪伴儿童不予承运（年龄在十二周岁以上至十五周岁以下的儿童，若其父母申请，也可按无成人陪伴的儿童办理）。

（1）一般规定：无成人陪伴儿童符合下列条件者，方能接受运输。

① 无成人陪伴儿童必须由儿童的父母或监护人陪送到上机地点并在儿童的下机地点安排人员迎接和照料。

② 运输的全航程包括两个或两个以上航班时，不论是由同一个承运人或不同的承运人承运，在航班衔接站，应由儿童的父母或监护人安排人员接送照料，并应提供接送人的姓名、地址和电话号码。

③ 如儿童的父母或监护人在航班衔接站安排人员接送和照料有困难，要求由承运人或由当地雇用服务人员照料儿童时，应预先提出并经承运人同意后，方可接受运输。

④ 儿童父母或监护人所安排在航班衔接站和目的站接送人，需经承运人接到核实无误的复电后，方可接受运输。

（2）无成人陪伴儿童乘机的申请应在航班起飞日前一星期提出，否则不予受理。

（3）直达航班可接受 5～11 岁无成人陪伴儿童运输，联程航班可接受 8～11 岁无成人陪伴儿童运输，如涉及其他承运人还应得到有关承运人确认的电报同意后方可承运。过夜的联程航班不接受无成人陪伴儿童。

（4）无成人陪伴儿童乘机的申请应由航空公司售票处负责受理和审批，销售代理人办理此项业务，必须按照规定将填妥的"无成人陪伴儿童乘机申请书"（图 9-1）送至售票处，由售票处负责审批同意后方可出票。

（5）无成人陪伴儿童按适用舱位（Y 舱）正常票价的 50％购票。售票员在建立"PNR"时除按照普通旅客订座规定办理外，还应在旅客姓名后加注无成人陪伴儿童代码 UM（un-accompanied minor）代号用以区别一般 CHD（child）运输。客票的填开，除按一般规定外，在"旅客姓名"栏儿童姓名后缀"UM"字样，并加上两位数字的儿童年龄用括弧表示，如李东（UM09）。

（6）将儿童父母或监护人填写的"乘机申请书"，一式三份，按订座记录编号进行登记，一份由售票处存档备查并发传真至相应始发地机场服务柜台，另两份交给购票旅客，并告之以上单据是无成人陪伴儿童乘机必备的运输凭证。

三、孕妇服务

由于在高空中飞行，空气中氧气成分相对减少，气压降低，因此孕妇运输有一定的限制条件。

1. 孕妇旅客的范围

怀孕不足 32 周的孕妇乘机，除医生诊断不适应乘机者外，按一般旅客运输。怀孕满 32 周但不足 35 周的孕妇乘机，应办理乘机医疗许可。该乘机医疗许可应在乘机前 7 天内签发有效。怀孕超过 8 个月（32 周）的及怀孕不足 8 个月医生诊断不适宜乘机者乘机，一般不予接受。

2. 孕妇旅客的运输条件

（1）孕妇旅客订座、登机时，须提供预产期证明，一般航空公司将据此判断是否能够接受运输。

（2）怀孕 32 周以下的孕妇乘机，除医生诊断不适宜乘机者外，否则将会视为普通旅客载运。

（3）怀孕超过 32 周但不足 35 周的孕妇乘机，需要填制"特殊旅客运输申请表"并提供航

中国南方航空
CHINA SOUTHERN
无成人陪伴儿童乘机申请书
UNACCOMPANIED MINOR
REQUESTED FOR CARRIACE-HANDLING ADVICE

至：中国南方航空公司 _____ 售票处　　　　日期

TO _____　　　DATE _____

儿童姓名 NAME OF MINOR _____　性别 SEX _____

出生年月 DATE OF BIRTH _____　　年龄 AGE _____

航程 ROUTING

自 FROM	至 TO	航班号 FLT NO	等级 CLASS	日期 DATE

航　站 STATION	接送人姓名 NAME OF PERSON ACCOMPANYING	地址、电话 ADDRESS AND TEL NO
始发站 ON DEPARTURE		
中途分程站 STOPOVER RPOINT		
中途分程站 STOPOVER POINT		
中途分程站 STOPOVER POINT		
到达站 ON ARRIVAL		

儿童父母或监护人姓名、地址、电话：
PARENT/GUARLIAN—NAME,ADDRESS AND TEL NO _____

图 9-1　无成人陪伴儿童乘机申请书

班起飞前 72 小时内，由县级以上医疗单位盖章和医生签字的诊断证明，其内容至少应包括：

① 旅客姓名、年龄；

② 预产期证明；

③ 是否需要提供其他特殊照料等；

④ 适宜乘机字样。

（4）为了旅客的安全及健康，不能承运怀孕超过 35 周、预产期在 4 周以内、预产期临近但无法确定时间的孕妇以及产后不足 7 天的旅客。

第三节
病残旅客服务

一、病残旅客的范围

由于精神或身体的缺陷（或病态）而无自理能力，其行动需他人照料的人，称为病残旅客；其中本人不能自主行动或病情较重，只能躺在担架上旅行的旅客，称为担架旅客。但有先天性残疾的人，如先天性跛足等，不归入病残旅客的范围。

病残旅客根据其病残情况分为可乘运病残旅客、不可乘运病残旅客。

（1）可乘运病残旅客　包括：肢体伤残、病人（身体、精神疾病）、盲人、聋人、吸氧旅客、担架旅客、轮椅旅客、需使用机上氧气设备的旅客。

（2）不予乘运病残旅客

① 患甲类传染性疾病，如鼠疫、霍乱、天花等，或给其他旅客造成不便的；

② 精神病患者，易于发狂，可能对其他旅客或自身造成危害者；

③ 可能对旅客自身或其他旅客和财物造成不必要的损害者；

④ 旅客身体或医疗状况（包括神经或精神状况）使他们在旅行中没有专门协助无法自理者。

二、病残旅客接受条件

有些旅客患有的疾病或身体状况对其他旅客和机组成员会产生不良影响，且各承运人对载运病残旅客都有自己的规定，接受病残旅客乘机必须谨慎。接受病残旅客，一般需具备下列条件。

1. 诊断书

病残旅客要求乘机，须有医生认可，同时交验"诊断书"一式三份："诊断书"需由县、市级或相当于这一级的医疗单位填写旅客的病情及诊断结果，并经医生签字、医疗单位盖章。如需使用机上氧气瓶，还需注明旅客所需氧气的流量。"诊断书"在航班起飞前96小时以内填开的方为有效，病情严重的旅客，则应该备有航班起飞前48小时之内填开的"诊断书"。

2. 病残旅客乘机申请书

病残旅客要求乘坐航班，需填写"特殊（病残）旅客乘机申请书"（图9-2）一式三份，以表明如果旅客在旅途中病情加重、死亡或给其他人造成伤害时，由申请人承担全部责任。

"特殊（病残）旅客乘机申请书"应由旅客本人签字，如本人书写困难，也可由其家属或监护人代签。

三、轮椅旅客

轮椅旅客是指身体适宜乘机，行动不便，需要轮椅代步的旅客，可分为以下三种不同情况。

1. 机下轮椅（WCHR）（R表示客机停机坪）

机下轮椅是指为能够自行上下飞机，在客舱内能自己行走到座位上，仅在航站楼、停机坪与飞机之间需要协助的旅客提供的轮椅。此类旅客可以上下客梯，也可以自己进出客舱座位；但远距离前往或离开飞机时，如穿越停机坪、站台或前往移动式休息室，需要轮椅。此类旅客的服务起止于客机停机坪。

2. 登机轮椅（WCHS）（S表示客梯）

登机轮椅是指不能自行上下飞机，但可以在客舱内能自己走到座位上去的旅客使用的轮椅。此类旅客可以自己进出客舱座位，但上下客梯时需要背扶，远距离前往/离开飞机或移动式休息室时需要轮椅。此类旅客的服务起止于客梯。

中国南方航空公司
特殊旅客（　　　　）乘机申请书

中国南方航空公司 ＿＿＿＿＿＿＿＿＿ 售票服务处

为乘坐中国南方航空公司下列航班，我愿声明如下：鉴于我个人的健康状况，在旅途中由此给本人或其他人造成身体上的损害或死亡，完全由我个人承担责任及损失，并保证不向中国南方航空公司及所属工作人员或代理人要求赔偿或提出诉讼。

旅客姓名：			
住址（或单位名称）			
航班号/日期	始发站		到达站

健康状况：
（附诊断证明书/医生证明）

旅客签字：＿＿＿＿＿＿＿＿＿

年　　　　月　　　　日

图 9-2　特殊（病残）旅客乘机申请书

3. 机上轮椅（WCHC）（C 表示客舱座位）

机上轮椅是指经适航许可，在客舱内供无行走能力的旅客使用的轮椅。此类旅客尽管能在座位上就座，但不能自行走动，并且前往/离开飞机或移动式休息室时需要轮椅，在上下客梯和进出客舱座位时需要背扶。此类旅客的服务起止于客舱座位。

轮椅旅客购票时，售票员应详细询问旅客或其代理人有关旅客的伤残情况，以便确定旅客类型，并由旅客或其代理人签字确认。售票员需报相关部门，经相关部门同意后方可售票。

四、担架旅客

1. 运输条件

担架旅客的订座不得迟于航班起飞前 72 小时。特殊情况下，在航班起飞前 72 小时内的担架旅客的申请，在航空公司答复可安排的情况下，方可接收。

担架旅客必须至少由一名医生或护理人员陪同旅行。经医生证明，病人在旅行途中不需要医务护理时，也可由其家属或监护人员陪同旅行。

2. 购票

担架旅客的票价，由担架旅客的个人票价和担架附加票价两部分组成。个人票价按一个经济舱的公布普通票价计收。担架附加票价，不论安放担架需占用的座位数是多少，对旅客使用担架的航段，加收 5～6 个成人单程经济舱普通票价。每一陪伴人员，根据实际乘坐的座位等级适用票价计收。担架旅客的免费行李额为 120 千克。各航空公司接收担架旅客规定略有不同。

五、盲人旅客

盲人旅客，是指有双目失明缺陷的成人旅客。一般按照以下规定承运盲人旅客：

（1）由年满 18 岁的成人陪伴同行的盲人旅客，可按一般旅客接受运输。

（2）盲人或者持有医生证明的聋人旅客经航空公司同意可以携带导盲犬或助听犬乘机。

导盲犬或助听犬连同其容器和食物，可免费运输而不计算在免费行李额内。出于客舱安全原因，盲人旅客携带的导盲犬，必须在申请订座时提出同时提供必要的检疫注射证明和检疫证明书，并经过航空公司同意后，方可携带。

六、聋哑旅客

聋哑旅客是指因双耳听力缺陷不能说话的旅客，不是指有耳病或听力弱的旅客。

（1）年满 16 周岁的聋哑旅客乘机，航空公司将按一般旅客承运。

（2）无成人陪伴的聋哑旅客可携带的助听犬按照导盲犬运输，但必须在申请订座时提出同时提供必要的检疫注射证明和检疫证明书，并经过航空公司同意后，方可携带。

第四节
其他特殊旅客服务

一、老年旅客

老年旅客是指年龄超过 70 岁，但身体健康、适宜乘机的旅客。因高空飞行带来的缺氧症状，年长者因其身体状况很可能无法承受此种负荷，因此航空公司对于接受承运 70 岁（含）以上的老年旅客有以下规定：

（1）70 岁（含）以上的老年旅客购票，需填制"特殊旅客运输申请表"。

（2）70 岁（含）以上的老年旅客购票，需要提供 180 天内的有效乘机证明，或 180 天内医疗单位盖章和医生签字的"体检证明"，其内容至少应包括：

① 旅客姓名、年龄；

② 旅客的心血管和呼吸道检查报告；

③ 是否需要提供其他特殊照料等。

二、酒醉旅客

（1）由于受酒精、麻醉品或其他毒品中毒，显然将会给其他的旅客带来不愉快、造成不良影响的人，属于醉酒旅客，航空公司可不接受承运。

（2）旅客是否属于醉酒旅客，航空公司有权根据旅客的外形、言谈、举止自行合理判断决定。

（3）在旅客上机地点，对于酒后闹事或可能影响其他旅客的旅途生活的醉酒旅客，航空公司有权拒绝其乘机。

（4）在飞行途中，如果发现旅客处于醉态，不适于旅行或妨碍其他旅客的旅行时，机长有权令其在下一个经停地点下机。

上述醉酒旅客被拒绝乘机，需要退票时，按自愿退票处理。

三、犯人

由于犯人是受到我国和有关国家现行法律管束的，在办理犯人运输时，必须与我国公安部门或通过外交途径与有关国家外交部门取得密切联系和配合。

（1）接受运输犯人的批准权限　运输犯人必须由运输始发地最高一级的运输业务部门负责人根据有关规定负责审核批准。如运输始发地点没有上列运输业务部门，应由始发站负责人批准。

（2）犯人的接收与运输条件　运输犯人，应有公安部门的书面批准。运输犯人的全航程，必须有公安部门至少两人监送。犯人及其监送人员仅限于乘坐经济舱。在有 VVIP 的航班上，不得载运押送犯人。犯人运输，必须事先在承运人或承运人授权的售票处办理订座和购票手续，提出申请，经承运人同意后方可运输。犯人运输应注意保密，其信息不得向无关人员透露。

犯人及其监送人员应安排先于一般旅客登机。应要求监送人员在进入客舱前以及在整个飞行过程中给犯人戴上手铐，并做适当伪装，以免影响其他旅客。犯人应在所有旅客下飞机后才能离开飞机。航班离站后，应拍发特殊旅客服务电报（PSM），将犯人乘机的信息通知经停站和到达站。

四、额外占座旅客

额外占座旅客指为了个人舒适而要求占用两个或两个以上座位的旅客。旅客额外占座，应在订座时提出申请，经承运人同意后方可运输。办理乘机手续时，为旅客发放一个登机牌，在登机牌上注明旅客占用的全部座位的号码。旅客的座位，应根据旅客本人的情况安排。如属于特殊旅客，应遵守有关特殊旅客座位安排的规定。额外占座旅客的免费行李额，按其所购客票票价等级和所占座位数确定。

 案例分析

一、乘客故意索要赔偿，还是另有苦衷

2008 年 11 月 1 日，某轮椅旅客一行三人乘坐从福州起飞的航班前往北京。正常起飞时间是 12 时 30 分，预计到达北京的时间是 15 点。但飞机因故延误了一个小时，降落时间也顺延至 16 点。这架飞机原计划于 16 点 05 分从北京返航，之后在北京的起飞时间也不得不依次延迟。

在飞机从福州起飞前该旅客曾向机组提出，降落后要使用自己的轮椅。这是因为这位旅客是高位截瘫，必须使用自己定制的轮椅固定住身体，以确保身体不会因滑出、滑倒造成脊

椎再次损伤。在得到了乘务组的许诺之后，旅客最终等来的却仍旧是机场提供的轮椅。最后经过反复与地面交涉，在历经了 40 多分钟之后旅客才坐上自己的轮椅走下飞机。

可当该旅客出舱门时，意外地发现，登机口准备乘这架飞机返航的乘客个个情绪激动，对于自己的指责和谩骂声不绝于耳。而在此之后又有网友在网上发帖指责她，"故意赖在飞机上不走，让大家白白耽误了那么久"。

回溯这个事件，如果不是航班的机组人员在与地面进行联系时出现了偏差，就是机场的地勤服务人员在执行上出了问题。但前者存在的可能性明显较小，而且当地服务人员没有送来旅客自己的轮椅后，机长在驾驶室又反复与地勤服务人员进行了联系。可得到的回答，却是"没有这项服务！"。

乘客的这类要求是十分合理和普通的。机场不仅有免费为乘客提供轮椅这项服务，而且在降落后直接把轮椅和婴儿车之类的代步工具送到舱口也属于正常服务范畴。而这位旅客之所以对轮椅要求如此严格，是因为自己是高位截瘫，胸部以下没有知觉也没有支撑力量。乘坐普通的轮椅极有可能产生痉挛并滑出轮椅，如果因此摔倒并造成颈椎脊髓再次损伤，将危及生命。

如果地勤服务人员不能提供这项服务，当机长在降落前联系塔台时，地勤服务人员为什么没有这方面的回馈？而是在飞机降落了 15 分钟以后才把机场的轮椅拿来。这本身是机场的管理制度和服务上存在的漏洞，对特殊事例缺少应有的准备和服务流程。

二、无人陪伴老人办理规定

旅客方女士送其父母乘坐 2012 年 3 月 23 日某航班，父亲 80 岁，母亲 65 岁。到达问询柜台申请无人陪伴服务时，因其母亲不符合无陪老人服务年龄要求，工作人员认为不符合办理标准，建议两位老人分开进安检。因此只能为其父亲办理申请无人陪伴老人手续。方女士无法接受两位老人必须分开走的情况，最终放弃申请无陪服务，让父母相互照应自行过安检乘机。

分析：此事件工作人员处理不够灵活，不够人性化。针对类似情况工作人员应制定流程，结合旅客需求，依据现场实际情况灵活处理，协助老人顺利登机。

思考与练习

1. 列举重要旅客的范围。
2. 简述对无成人陪伴儿童的服务要点。
3. 简述犯人旅客的接受和运输条件。
4. 说明病残旅客的分类及服务要求。

第十章

不正常运输服务

学习目标

知识目标

掌握旅客运输及航班不正常服务的种类；理解旅客误机、漏乘、错乘的区别；理解航班超售的影响；理解承运人原因和非承运人原因造成的航班不正常处理在原则上的差异。

技能目标

能正确处理旅客的误机、漏乘、错乘；能熟练处理各种情况下的航班不正常服务。

第一节
旅客运输不正常服务

旅客运输不正常情况主要包括：误机、漏乘、错乘、登机牌遗失、航班超售等情况。

一、误机、漏乘、错乘

1. 旅客误机

旅客误机是指旅客未按规定的时间办妥乘机手续或因旅行证件不符合规定而未能搭乘上指定的航班。旅客误机后的处置：

（1）旅客如误机，应到原购票地点办理客票变更或退票手续。

（2）旅客误机后，如改乘后续航班，在后续航班有空余座位的情况下，承运人应积极予以安排，不收误机费（团体旅客除外）。

（3）旅客误机后，如要求退票，承运人应按规定收取误机费。国内各航空公司关于退票的规定略有不同，举例如下。

① 在航班柜台关闭后至航班规定离站时间前提出退票，收取原付票款20%的误机费。

② 在航班规定离站时间后提出退票，收取原付票款50%的误机费（各航空公司规定不一，一般收取原付票款的30%～50%）。

③ 因承运人原因造成旅客误机，旅客要求退票，按非自愿退票处理。

（4）团体旅客误机，客票作废，票款不退（承运人原因除外）。

（5）旅客误机后，如改乘后续航班，应在客票"票价计算"栏内加盖"误机/NO SHOW"印章，并注明误机时间。

2. 旅客漏乘

漏乘指旅客在航班始发站办理乘机手续后或在经停站过站时未搭乘上指定的航班。按照旅客类型分类可分为过站旅客漏乘与始发旅客漏乘。

（1）过站旅客漏乘　过站旅客到达经停站后，精力不集中，认为到达了目的站，下飞机之后没有注意机场的标识标牌以及工作人员的提醒，直接走出候机楼，因而导致漏乘。

过站旅客知道自己是到了经停站，也换取了工作人员发放的过站登机牌，但是在候机隔离厅购物、上洗手间、看书报、睡觉等，注意力不集中，没有注意登机广播，导致漏乘。

（2）始发旅客漏乘

① 旅客办理完登机牌进入隔离厅之后，在错误的登机口休息等待，没有注意听登机口广播，或者在看书报、逛商店、用餐等，导致漏乘，这一类情况在所有漏乘旅客里面比较多。

② 少部分旅客本身到机场时间就很晚，已经结束办理乘机手续，机场工作人员为了给旅客提供方便给予办理，但该旅客在过安全检查和到达登机口的过程中花费了过多的时间，无法登机，造成漏乘。

③ 旅客办理完手续进入隔离厅后，登机牌丢失，需要重新补办，在补办的过程中超过了最后登机时间，无法登机，造成漏乘。

④ 机场登机口更改，广播通知了更改登机口，旅客没有注意广播通知，也没有注意听登机广播，导致漏乘。

⑤ 由于机场设施原因（电力系统、离港系统、安检仪器、广播系统等），导致旅客不能够办理登机牌或者不能进行安全检查、没有听到登机广播，造成漏乘。

旅客漏乘后按下列规定处理：由于旅客原因造成漏乘，旅客要求退票，应到原购票地点办理退票手续，承运人可以收取适当的误机费；由于承运人原因导致旅客漏乘，承运人应当尽早安排旅客乘坐后续航班成行。如旅客要求退票，始发站应退还全部票款，经停站应退还未使用航段的全部票款，均不收取退票费。

3. 旅客错乘

错乘指旅客乘坐了不是客票上列明的航班。

旅客错乘按下列规定处理：旅客错乘航班，承运人应安排错乘旅客搭乘最早飞往旅客客票上目的地的航班，票款不补不退。

由于承运人原因导致旅客错乘，承运人应尽早安排旅客乘坐后续航班成行。如旅客要求退票，始发站应退还全部票款，经停站应退还未使用航段全部票款，均不收取退票费。

二、登机牌遗失

登机前，如旅客声明登机牌遗失，可按下列程序处理：

（1）核查客票和旅客本人及其有效身份证件是否一致。如挂失时旅客已通过安检，应会同安检部门核查。

（2）如属于团体旅客，应核查该团体实际人数。

（3）经核查确认属本航班旅客并已办理乘机手续，可予以补发新登机牌，但该补发牌在登机前不应交与旅客。如旅客未通过安检应予以协助。

（4）补发的登机牌，应填上原座位号。如属团体旅客不能确定座位号时应注明"候补"字样。

（5）登机完毕，航班旅客人数相符，方可允许该旅客登机，同时发给补发的登机牌。

（6）如航班登机人数不符，应查明原因，参照本节以上各条的规定处理。

（7）对于故意行为的无票乘机旅客，必要时应交机场公安保卫部门处理。

三、航班超售

航班超售是指各航空公司为避免座位虚耗，最大限度地提高飞机的座位利用率，在特定的时间内对特定航班进行超出飞机的最大座位数（经济舱座位数）销售的行为。超售是指航空公司接受比航班实际座位数多的订座，以期将座位虚耗和超售总期望成本降到最低的过程。

1. 超售原因

少部分旅客临时改变出行计划，或者由于其他一些原因没有乘坐机票上列明的航班，而又未能及时通知航空公司，造成航空公司一些看似满客的航班在起飞后往往会有座位空余，使一些临时有需求需要旅行的旅客因为航班的虚假满客而被拒绝，同时，航空公司的利益也受到了损失。基于这些原因，航空公司会对少量航班实行超售。

2. 后续服务

（1）优先安排最早可利用的航班保障旅客尽快成行；

（2）或按非自愿退票处理，不收取退票费；

（3）或按非自愿变更航程处理，票款多退少不补；

（4）如所安排的后续航班为次日航班时，应免费为旅客提供膳宿。

第二节
航班运输不正常服务

不符合正常航班全部条件的航班为不正常航班，如发生返航、改航、备降和飞行事故等不正常情况的航班；取消航班不再执行或取消航班另行补班；因故临时改变计划，未按原计划执行的航班。

民航局《民航航班正常统计办法》于 2008 年 3 月 30 日起施行。

正常航班：符合以下条件之一的航班为正常航班。

在班期时刻表公布的离站时间后 15 分钟（北京、浦东、广州以及境外机场 30 分钟，虹桥、深圳机场 25 分钟，成都、昆明机场 20 分钟）之内正常起飞未发生返航、改航和备降等不正常情况的航班；

在班期时刻表公布的到达时间前后 10 分钟之内落地的航班。

一、不正常航班分类

（1）按造成航班不正常的原因可分为九大类：天气、突发事件、空中交通管制、安检、旅客、工程机务、航班计划、运输服务、空勤人员。

（2）按造成航班不正常的责任性质可分为承运人原因和非承运人原因两类。

① 承运人原因：工程机务、航班计划、运输服务、空勤人员原因。

② 非承运人原因：天气、突发事件、空中交通管制、安检、旅客原因。

二、航班延误和取消

1. 航班延误

航班延误是指由于各种原因，飞机不能按照公布的时刻起飞，造成延误或取消当日飞行。

航班延误时，承运人保障部门应相互配合，认真负责，共同保障航班正常，避免不必要的航班延误和减少延误时间，做好旅客服务工作。

关于如何处置在机场等候的延误旅客，各个航空公司都有自己的政策。由于机务维护、航班调配、商务和机组的原因造成航班延误或取消，航空公司一般都会负责为旅客提供餐食或住宿。一些航空公司，尤其是低票价航空公司，对延误旅客不提供任何免费的服务。其他航空公司对由于天气原因或不在其控制范围之内的原因造成的延误也不提供服务。

2. 航班取消

（1）航班取消指由运力、市场等原因决定的航班停止飞行，取消不补。

（2）航班取消一般在航班规定离站之日提前两天决定，如临时决定，不应迟于航班离站前一日。

（3）航班取消后，应锁定订座系统，停止继续售票。

（4）航班取消后，市场销售部门应及时通知已购票的旅客，并根据旅客意愿为旅客安排后续航班座位。

（5）对于市场销售部门未能通知到而按原定航班时间到达机场的旅客，地面服务部门应安排专人进行善后的服务工作，服务内容包括：

① 将航班取消的信息通知旅客。

② 根据市场销售部门提供的信息，耐心解释未能通知到旅客的原因。

③ 根据旅客意愿，为其办理改乘或退票手续。改乘和退票不收取费用。

④ 根据情况，按有关规定为改乘旅客提供膳宿服务。

⑤ 根据情况，填写"不正常航班旅客补助发放登记表"和"航班不正常服务费用清单"，为旅客提供经济补偿。

三、补班

航班由于天气、突发事件或航空公司飞行故障、航班计划等原因，无法按原班期时刻完成运输，造成旅客在始发地滞留，确定起飞时间后于次日完成航班任务，则此航班就为补班。补班的注意事项有：

（1）商务运输部门要了解执行补班飞行的机型、机号、座位布局等情况。

（2）重新办理乘机手续，收回原航班的登机牌，交运的行李重新过磅、换发新登机牌。平衡人员根据实际情况重新计算业务载量，拍发业务载重电报时要注明本次航班飞行为补班。

（3）个别旅客因故退票或签转其他航班，由此形成的载量的变化值机人员要做到心中有数，载量尚余时可以办理非补班航班旅客的购票、乘机手续。

（4）有关补班飞行前的旅客服务工作，按航班取消的有关规定办理。

四、航班中断

航班中断指航班在到达经停站后，取消后续航段飞行，致使航程中断。航班中断飞行后，使用承运人后续航班。如无承运人后续航班或后续航班无可利用座位，可使用其他承运人的航班。根据情况也可以使用地面运输或其他运输方式。

航班中断飞行后，使用其他航班运输旅客，应分别按不同的接运航班，根据原客票旅客联，填制"飞行中断旅客舱单"（FIM）作为运输的凭证。

对继续乘机的旅客，如需要提供膳宿服务，按承运人原因航班延误的有关规定办理。

五、航班返航

航班在飞行途中，由于受到天气变化、突发事件、空中交通管制等原因，不能继续执行航班飞行任务，飞机返回始发地降落，称为返航。

（1）航班返航后，如起飞时间不能确定或等待时间较长，应安排旅客下机等候。

（2）对返航航班的旅客，按航空公司航班不正常的有关规定提供服务。

（3）旅客再次登机时，应重新核查人数。

六、航班备降

航班备降指由于天气或机械故障等原因航班临时降停在不是预定的经停地点。

（1）航班备降，按航班过站提供服务。

（2）航班备降后，如起飞时间不能确定或等待时间较长，应安排旅客下机等候。

（3）在备降航班停留期间，如需向旅客提供膳宿服务，按承运人原因航班延误的有关规定办理。

（4）如旅客取消继续乘机，按自动终止乘机办理。如旅客要求退票，按非自愿退票的规定办理。改变航程的旅客应另行购票。

（5）如航班备降后取消后续航班飞行，按航班中断飞行办理。

（6）航班在原入境点之前备降，如需在备降地点办理全部入境手续，应按国际到达航班办理运输手续。如继续飞行，作国内航班处理。

（7）备降航班不利用载量。如中断飞行后利用载量，按始发航班或调机办理。

 **案例分析**

航空公司航班超售的原则

旅客一行 6 人乘坐 11 月 23 日北京—延吉的航班，在机场办理登机手续时被告之航班超售。对此 6 位旅客每人各补偿人民币 600 元，并安排旅客于宾馆休息（订妥次日航班），旅客对此处理非常不满，并提出几点质询："在航班超售情况下，未提前告知；不应在每天只有一两班航班情况下超售；不应在当日最后一个航班上超售。"

经查，当天执行航班机型为波音 737-300，实际商务可利用座位为头等舱 8、普通舱 116。航班预计起飞时间为 20：10，19：40 关闭航班时，普通舱实超 12 人，其中所超 6 人升入头等舱，其余 6 人为实际超售。此航班在离地时，电脑销售系统中还有 39 个可利用座位。经查当日航班机型由波音 737-800 换为波音 737-300，机型改变后，销售系统并没有得到反映。

有些航空公司确实在当天最后一个航班，或当天只有一个航班的情况下，不允许超售。

 思考与练习

1. 旅客误机、漏乘、错乘的区别是什么？
2. 登机牌遗失后应如何处理？
3. 简述航班超售的原因。
4. 不正常航班可分为哪几类？

附　录

1．国内机场名称及三字代码

省份	城市	机场名称	三字代码	省份	城市	机场名称	三字代码
北京（京）	北京	首都国际机场	PEK	西藏（藏）	拉萨	贡嘎机场	LXA
		大兴国际机场	PKX		昌都	邦达机场	BPX
上海（沪）	上海	虹桥国际机场	SHA		林芝	林芝机场	LZY
		浦东国际机场	PVG		阿里	阿里昆莎机场	NGQ
重庆（渝）	重庆	江北国际机场	CKG		日喀则	和平机场	RKZ
	万州	万州五桥机场	WXN	山西（晋）	太原	武宿机场	TYN
天津（津）	天津	滨海国际机场	TSN		长治	王村机场	CIH
云南（云或滇）	昆明	长水国际机场	KMG		运城	关公机场	YCU
	大理	大理机场	DLU		大同	大同机场	DAT
	保山	保山机场	BSD	江苏（苏）	南京	禄口国际机场	NKG
	西双版纳	景洪西双版纳机场	JHG		常州	奔牛国际机场	CZX
	丽江	丽江机场	LJG		连云港	白塔埠机场	LYG
	思茅	思茅机场	SYM		南通	兴东机场	NTG
	昭通	昭通机场	ZAT		徐州	观音国际机场	XUZ
	德宏芒市	德宏潞西芒市机场	LUM		盐城	南洋国际机场	YNZ
	迪庆	迪庆香格里拉机场	DIG		无锡	硕放国际机场	WUX
	临沧	临沧博尚机场	LNJ	辽宁（辽）	沈阳	桃仙国际机场	SHE
内蒙古（内蒙）	呼和浩特	白塔国际机场	HET		大连	周水子机场	DLC
	包头	二里半机场	BAV		丹东	浪头国际机场	DDG
	赤峰	土城子机场	CIF		锦州	小岭子机场	JNZ
	海拉尔	东山国际机场	HLD		朝阳	朝阳机场	CHG
	通辽	通辽机场	TGO	宁夏（宁）	银川	河东国际机场	INC
	乌兰浩特	乌兰浩特机场	HLH		中卫	中卫机场	ZHY
	锡林浩特	锡林浩特机场	XIL	陕西（陕或秦）	西安	咸阳国际机场	XIY
	满洲里	满洲里机场	NZH		汉中	西关机场	HZG
	鄂尔多斯	东胜机场	DSN		延安	二十里铺机场	ENY
	乌海	乌海机场	WUA		榆林	西沙机场	UYN
四川（川或蜀）	成都	双流国际机场	CTU		安康	安康机场	AKA
	达县	达州河市机场	DAX	新疆（新）	乌鲁木齐	地窝铺国际机场	URC
	南充	南充机场	NAO		阿克苏	阿克苏机场	AKU
	西昌	青山机场	XIC		阿勒泰	阿勒泰机场	AAT
	宜宾	菜坝机场	YBP		富蕴	富蕴机场	FYN
	泸州	兰田坝机场	LZO		和田	和田国际机场	HTN
	绵阳	绵阳南郊机场	MIG		库车	库车机场	KCA
	攀枝花	攀枝花机场	PZI		克拉玛依	克拉玛依机场	KRY
	九寨沟	九寨沟黄龙机场（简称九黄机场）	JZH		喀什	喀什机场	KHG
					且末	且末机场	IQM

省份	城市	机场名称	三字代码	省份	城市	机场名称	三字代码
新疆（新）	塔城	塔城机场	TCG	湖南（湘）	长沙	黄花国际机场	CSX
	伊宁	伊宁机场	YIN		常德	桃花源机场	CGD
	库尔勒	库尔勒机场	KRL		张家界	荷花国际机场	DYG
	哈密	哈密机场	HMI		怀化	芷江机场	HJJ
黑龙江（黑）	哈尔滨	太平国际机场	HRB		衡阳	衡阳东江机场	HNY
	黑河	黑河机场	HEK	安徽（皖）	合肥	新桥国际机场	HFE
	佳木斯	东郊国际机场	JMU		安庆	天柱机场	AQG
	牡丹江	海浪机场	MDG		黄山	屯溪机场	TXN
	齐齐哈尔	三家子国际机场	NDG		阜阳	阜阳机场	FUG
湖北（鄂）	武汉	天河国际机场	WUH	江西（赣）	南昌	昌北机场	KHN
	恩施	许家坪机场	ENH		赣州	黄金机场	KOW
	沙市	荆州沙市机场	SHS		景德镇	罗家机场	JDZ
	襄樊	刘集机场	XFN		九江	庐山机场	JIU
	宜昌	三峡国际机场	YIH		井冈山	井冈山机场	JGS
贵州（贵或黔）	贵阳	龙洞堡机场	KWE	吉林（吉）	长春	龙嘉国际机场	CGQ
	遵义	遵义机场	ZYI		吉林	二台子机场	JIL
	安顺	黄果树机场	AVA		延吉	朝阳川机场	YNJ
	铜云	铜仁大兴机场	TEN	海南（琼）	海口	美兰国际机场	HAK
浙江（浙）	杭州	萧山国际机场	HGH		三亚	凤凰国际机场	SYX
	黄岩	路桥机场	HYN	香港特别行政区	香港	香港国际机场	HKG
	宁波	栎社国际机场	NGB	广东（粤）	广州	新白云国际机场	CAN
	温州	永强机场	WNZ		梅县	梅县机场	MXZ
	义乌	义乌机场	YIW		汕头	外砂机场	SWA
	舟山	普陀机场	HSN		深圳	宝安国际机场	SZX
	衢州	衢州机场	JUZ		湛江	湛江机场	ZHA
福建（闽）	福州	长乐国际机场	FOC		珠海	三灶机场	ZUH
	晋江	泉州机场	JJN		兴宁	兴宁机场	XIN
	武夷山	武夷山机场	WUS	广西（桂）	南宁	吴圩国际机场	NNG
	厦门	高崎国际机场	XMN		北海	福城机场	BHY
河北（冀）	石家庄	正定机场	SJW		桂林	两江国际机场	KWL
	秦皇岛	秦皇岛机场	SHP		柳州	白莲机场	LZH
	邯郸	邯郸机场	HDG		梧州	长洲岛机场	WUZ
	山海关	山海关机场	SHF	山东（鲁）	济南	遥墙国际机场	TNA
河南（豫）	郑州	新郑国际机场	CGO		青岛	流亭国际机场	TAO
	洛阳	洛阳机场	LYA		潍坊	潍坊机场	WEF
	南阳	姜营机场	NNY		烟台	莱山国际机场	YNT
	信阳	明港机场	XAI				

续表

省份	城市	机场名称	三字代码	省份	城市	机场名称	三字代码
山东（鲁）	威海	威海机场	WEH	甘肃（甘或陇）	嘉峪关	嘉峪关机场	JGN
	临沂	临沂机场	LYI		庆阳	西峰镇机场	IQN
	东营	东营机场	DOY		酒泉	酒泉机场	CHW
青海（青）	西宁	曹家堡国际机场	XNN	澳门特别行政区	澳门	澳门国际机场	MFM
	格尔木	格尔木机场	GOQ				
甘肃（甘或陇）	兰州	中川国际机场	LHW				
	敦煌	敦煌机场	DNH				

2. 中国主要航空公司二字代码表

代码	航空公司	代码	航空公司
CA	中国航空集团公司	WH	中国西北航空公司
MU	中国东方航空集团公司	CJ	中国北方航空公司
CZ	中国南方航空集团公司	KN	中国联合航空股份公司
ZH	深圳航空公司	XO	新疆航空公司
CX	国泰航空公司	EU	成都航空公司
9C	春秋航空公司	BK	奥凯航空公司
MF	厦门航空公司	HU	海南航空股份有限公司
FM	上海航空公司	SC	山东航空公司
3U	四川航空公司	PN	西部航空公司
8L	祥鹏航空公司	KA	港龙航空公司

3. 中国民用航空旅客、行李国内运输规则

第一章　总　则

第一条　为了加强对旅客、行李国内航空运输的管理，保护承运人和旅客的合法权益，维护正常的航空运输秩序，根据《中华人民共和国民用航空法》制定本规则。

第二条　本规则适用于以民用航空器运送旅客、行李而收取报酬的国内航空运输及经承运人同意而办理的免费国内航空运输。

本规则所称"国内航空运输"，是指根据旅客运输合同，其出发地、约定经停地和目的地均在中华人民共和国境内的航空运输。

第三条　本规则中下列用语，除具体条款中有其他要求或另有明确规定外，含义如下：

（一）"承运人"指包括填开客票的航空承运人和承运或约定承运该客票所列旅客及其行李的所有航空承运人。

（二）"销售代理人"指从事民用航空运输销售代理业的企业。

（三）"地面服务代理人"指从事民用航空运输地面服务代理业务的企业。

（四）"旅客"指经承运人同意在民用航空器上载运除机组成员以外的任何人。

（五）"团体旅客"指统一组织的人数在 10 人以上（含 10 人），航程、乘机日期和航班相同的旅客。

（六）"儿童"指年龄满两周岁但不满十二周岁的人。

（七）"婴儿"指年龄不满两周岁的人。

（八）"订座"指对旅客预定的座位、舱位等级或对行李的重量、体积的预留。

（九）"合同单位"指与承运人签订订座、购票合同的单位。

（十）"航班"指飞机按规定的航线、日期、时刻的定期飞行。

（十一）"旅客订座单"指旅客购票前必须填写的供承运人或其销售代理人据以办理订座和填开客票的业务单据。

（十二）"有效身份证件"指旅客购票和乘机时必须出示的由政府主管部门规定的证明其身份的证件。如：居民身份证、按规定可使用的有效护照、军官证、警官证、士兵证、文职干部或离退休干部证明，16 周岁以下未成年人的学生证、户口簿等证件。

（十三）"客票"指由承运人或代表承运人所填开的被称为"客票及行李票"的凭证，包括运输合同条件、声明、通知以及乘机联和旅客联等内容。

（十四）"联程客票"指列明有两个（含）以上航班的客票。

（十五）"来回程客票"指从出发地至目的地并按原航程返回原出发地的客票。

（十六）"定期客票"指列明航班、乘机日期和定妥座位的客票。

（十七）"不定期客票"指未列明航班、乘机日期和未定妥座位的客票。

（十八）"乘机联"指客票中标明"适用于运输"的部分，表示该乘机联适用于指定的两个地点之间的运输。

（十九）"旅客联"指客票中标明"旅客联"的部分，始终由旅客持有。

（二十）"误机"指旅客未按规定时间办妥乘机手续或因旅行证件不符合规定而未能乘机。

（二十一）"漏乘"指旅客在航班始发站办理乘机手续后或在经停站过站时未搭乘上指定的航班。

（二十二）"错乘"指旅客乘坐了不是客票上列明的航班。

（二十三）"行李"指旅客在旅行中为了穿着、使用、舒适或方便的需要而携带的物品和其他个人财物。除另有规定者外，包括旅客的托运行李和自理行李。

（二十四）"托运行李"指旅客交由承运人负责照管和运输并填开行李票的行李。

（二十五）"自理行李"指经承运人同意由旅客自行负责照管的行李。

（二十六）"随身携带物品"指经承运人同意由旅客自行携带乘机的零星小件物品。

（二十七）"行李牌"指识别行李的标志和旅客领取托运行李的凭证。

（二十八）"离站时间"指航班旅客登机后，关机门的时间。

第四条　承运人的航班班期时刻应在实施前对外公布。承运人的航班班期时刻不得任意变更。但承运人为保证飞行安全、急救等特殊需要，可依照规定的程序进行调整。

第二章　定　座

第五条　旅客在定妥座位后，凭该定妥座位的客票乘机。

承运人可规定航班开始和截止接受定座的时限，必要时可暂停接受某一航班的定座。

不定期客票应在向承运人定妥座位后才能使用。

合同单位应按合同的约定定座。

第六条　已经定妥的座位，旅客应在承运人规定或预先约定的时限内购买客票，承运人对所定座位在规定或预先约定的时限内应予以保留。

承运人应按旅客已经定妥的航班和舱位等级提供座位。

第七条　旅客持有定妥座位的联程或来回程客票，如在该联程或回程地点停留 72 小时以上，须在联程或回程航班离站前两天中午 12 点以前，办理座位再证实手续，否则原定座位不予保留。如旅客到达联程或回程地点的时间离航班离站时间不超过 72 小时，则不需办理座位再证实手续。

第三章　客　票

第八条　客票为记名式，只限客票上所列姓名的旅客本人使用，不得转让和涂改，否则客票无效，票款不退。

客票应当至少包括下列内容：

（一）承运人名称；

（二）出票人名称、时间和地点；

（三）旅客姓名；

（四）航班始发地点、经停地点和目的地点；

（五）航班号、舱位等级、日期和离站时间；

（六）票价和付款方式；

（七）票号；

（八）运输说明事项。

第九条　旅客应在客票有效期内，完成客票上列明的全部航程。

旅客使用客票时，应交验有效客票，包括乘机航段的乘机联和全部未使用并保留在客票上的其他乘机联和旅客联，缺少上述任何一联，客票即为无效。

国际和国内联程客票，其国内联程段的乘机联可在国内联程航段使用，不需换开成国内客票；旅客在我国境外购买的用国际客票填开的国内航空运输客票，应换开成我国国内客票后才能使用。

承运人及其销售代理人不得在我国境外使用国内航空运输客票进行销售。

定期客票只适用于客票上列明的乘机日期和航班。

第十条　客票的有效期为：

（一）客票自旅行开始之日起，一年内运输有效。如果客票全部未使用，则从填开客票之日起，一年内运输有效。

（二）有效期的计算，从旅行开始或填开客票之日的次日零时起至有效期满之日的次日零时为止。

第十一条　承运人及其代理人售票时应该认真负责。

由于承运人的原因，造成旅客未能在客票有效期内旅行，其客票有效期将延长到承运人能够安排旅客乘机为止。

第四章　票　价

第十二条　客票价指旅客由出发地机场至目的地机场的航空运输价格，不包括机场与市区之间的地面运输费用。

客票价为旅客开始乘机之日适用的票价。客票出售后，如票价调整，票款不作变动。

运价表中公布的票价，适用于直达航班运输。如旅客要求经停或转乘其他航班时，应按实际航段分段相加计算票价。

第十三条　旅客应按国家规定的货币和付款方式交付票款，除承运人与旅客另有协议外，票款一律现付。

第五章　购　票

第十四条　旅客应在承运人或其销售代理人的售票处购票。

旅客购票凭本人有效身份证件或公安机关出具的其它身份证件，并填写《旅客定座单》。

购买儿童票、婴儿票，应提供儿童、婴儿出生年月的有效证明。

重病旅客购票，应持有医疗单位出具的适于乘机的证明，经承运人同意后方可购票。

每一旅客均应单独填开一本客票。

第十五条　革命残废军人凭《革命残废军人抚恤证》，按适用票价的80％购票。

儿童按适用成人票价的50％购买儿童票，提供座位。

婴儿按适用成人票价的10％购买婴儿票，不提供座位；如需要单独占用座位时，应购买儿童票。

每一成人旅客携带婴儿超过一名时，超过的人数应购儿童票。

第十六条　承运人或其销售代理人应根据旅客的要求，出售联程、来回程客票。

第十七条　售票场所应设置班期时刻表、航线图、航空运价表和旅客须知等必备资料。

第六章　客票变更

第十八条　旅客购票后，如要求改变航班、日期、舱位等级，承运人及其销售代理人应根据实际可能积极办理。

第十九条　航班取消、提前、延误、航程改变或不能提供原定座位时，承运人应优先安排旅客乘坐后续航班或签转其他承运人的航班。

因承运人的原因，旅客的舱位等级变更时，票款的差额多退少不补。

第二十条　旅客要求改变承运人，应征得原承运人或出票人的同意，并在新的承运航班座位允许的条件下予以签转。

本规则第十九条第一款所列情况要求旅客变更承运人时，应征得旅客及被签转承运人的同意后，方可签转。

第七章　退　票

第二十一条　由于承运人或旅客原因，旅客不能在客票有效期内完成部分或全部航程，可以在客票有效期内要求退票。

旅客要求退票，应凭客票或客票未使用部分的"乘机联"和"旅客联"办理。

退票只限在出票地、航班始发地、终止旅行地的承运人或其销售代理人售票处办理。

票款只能退给客票上列明的旅客本人或客票的付款人。

第二十二条　旅客自愿退票，除凭有效客票外，还应提供旅客本人的有效身份证件，分别按下列条款办理：

（一）旅客在航班规定离站时间 24 小时以内、两小时以前要求退票，收取客票价 10％的退票费；在航班规定离站时间前两小时以内要求退票，收取客票价 20％的退票费；在航班规定离站时间后要求退票，按误机处理。

（二）持联程、来回程客票的旅客要求退票，按本条第一款规定办理。

（三）革命残废军人要求退票，免收退票费。

（四）持婴儿客票的旅客要求退票，免收退票费。

（五）持不定期客票的旅客要求退票，应在客票的有效期内到原购票地点办理退票手续。

（六）旅客在航班的经停地自动终止旅行，该航班未使用航段的票款不退。

第二十三条　航班取消、提前、延误、航程改变或承运人不能提供原定座位时，旅客要求退票，始发站应退还全部票款，经停地应退还未使用航段的全部票款，均不收取退票费。

第二十四条　旅客因病要求退票，需提供医疗单位的证明，始发地应退还全部票款，经停地应退还未使用航段的全部票款，均不收取退票费。

患病旅客的陪伴人员要求退票，按本条第一款规定办理。

第八章　客票遗失

第二十五条　旅客遗失客票，应以书面形式向承运人或其销售代理人申请挂失。

在旅客申请挂失前，客票如已被冒用或冒退，承运人不承担责任。

第二十六条　定期客票遗失，旅客应在所乘航班规定离站时间一小时前向承运人提供证明后，承运人可以补发原定航班的新客票。补开的客票不能办理退票。

第二十七条　不定期客票遗失，旅客应及时向原购票的售票地点提供证明后申请挂失，该售票点应及时通告各有关承运人。经查证客票未被冒用、冒退，待客票有效期满后的 30 天内，办理退款手续。

第九章　团体旅客

第二十八条　团体旅客定妥座位后，应在规定或预先约定的时限内购票，否则，所定座位不予保留。

第二十九条　团体旅客购票后自愿退票，按下列规定收取退票费：

（一）团体旅客在航班规定离站时间 72 小时以前要求退票，收取客票价 10％的退票费。

（二）团体旅客在航班规定离站时间 72 小时以内至规定离站时间前一天中午 12 点前要求退票，收取客票价 30％的退票费。

（三）团体旅客在航班规定离站时间前一天中午 12 点以后至航班离站前要求退票，收取客票价 50％的退票费。

（四）持联程、来回程客票的团体旅客要求退票，分别按本条第（一）、（二）、（三）项的规定办理。

（五）团体旅客误机，客票作废，票款不退。

第三十条　团体旅客中部分成员要求退票，按照本规则第二十九条的规定收取该部分成员的退票费。

第三十一条　团体旅客非自愿或团体旅客中部分成员因病要求变更或退票，分别按照本规则第十九条、第二十三条或第二十四条的规定办理。

第十章　乘　机

第三十二条　旅客应当在承运人规定的时限内到达机场，凭客票及本人有效身份证件按时办理客票查验、托运行李、领取登机牌等乘机手续。

承运人规定的停止办理乘机手续的时间，应以适当方式告知旅客。

承运人应按时开放值机柜台，按规定接受旅客出具的客票，快速、准确地办理值机手续。

第三十三条　乘机前，旅客及其行李必须经过安全检查。

第三十四条　无成人陪伴儿童、病残旅客、孕妇、盲人、聋人或犯人等特殊旅客，只有在符合承运人规定的条件下经承运人预先同意并在必要时做出安排后方予载运。

传染病患者、精神病患者或健康情况可能危及自身或影响其他旅客安全的旅客，承运人不予承运。

根据国家有关规定不能乘机的旅客，承运人有权拒绝其乘机，已购客票按自愿退票处理。

第三十五条　旅客误机按下列规定处理：

（一）旅客如发生误机，应到乘机机场或原购票地点办理改乘航班、退票手续。

（二）旅客误机后，如要求改乘后续航班，在后续航班有空余座位的情况下，承运人应积极予以安排，不收误机费。

（三）旅客误机后，如要求退票，承运人可以收取适当的误机费。

旅客漏乘按下列规定处理：

（一）由于旅客原因发生漏乘，旅客要求退票，按本条第一款的有关规定办理。

（二）由于承运人原因旅客漏乘，承运人应尽早安排旅客乘坐后续航班成行。如旅客要求退票，按本规则第二十三条规定办理。

旅客错乘按下列规定处理：

（一）旅客错乘飞机，承运人应安排错乘旅客搭乘最早的航班飞往旅客客票上的目的地，票款不补不退。

（二）由于承运人原因旅客错乘，承运人应尽早安排旅客乘坐后续航班成行。如旅客要求退票，按本规则第二十三条规定办理。

第十一章　行李运输

第三十六条　承运人承运的行李，只限于符合本规则第三条第二十三项定义范围内的物品。

承运人承运的行李，按照运输责任分为托运行李、自理行李和随身携带物品。

重要文件和资料、外交信袋、证券、货币、汇票、贵重物品、易碎易腐物品，以及其他需要专人照管的物品，不得夹入行李内托运。承运人对托运行李内夹带上述物品的遗失或损坏按一般托运行李承担赔偿责任。

国家规定的禁运物品、限制运输物品、危险物品，以及具有异味或容易污损飞机的其他物品，不能作为行李或夹入行李内托运。承运人在收运行李前或在运输过程中，发现行李中装有不得作为行李或夹入行李内运输的任何物品，可以拒绝收运或随时终止运输。

旅客不得携带管制刀具乘机。管制刀具以外的利器或钝器应随托运行李托运，不能随身携带。

第三十七条　托运行李必须包装完善、锁扣完好、捆扎牢固，能承受一定的压力，能够在正常的操作条件下安全装卸和运输，并应符合下列条件，否则，承运人可以拒绝收运：

（一）旅行箱、旅行袋和手提包等必须加锁；

（二）两件以上的包件，不能捆为一件；

（三）行李上不能附插其他物品；

（四）竹篮、网兜、草绳、草袋等不能作为行李的外包装物；

（五）行李上应写明旅客的姓名、详细地址、电话号码。

托运行李的重量每件不能超过 50 千克，体积不能超过 40 厘米×60 厘米×100 厘米，超过上述规定的行李，须事先征得承运人的同意才能托运。

自理行李的重量不能超过 10 千克，体积每件不超过 20 厘米×40 厘米×55 厘米。

随身携带物品的重量，每位旅客以 5 千克为限。持头等舱客票的旅客，每人可随身携带两件物品；持公务舱或经济舱客票的旅客，每人只能随身携带一件物品。每件随身携带物品的体积均不得超过 20 厘米×40 厘米×55 厘米。超过上述重量、件数或体积限制的随身携带物品，应作为托运行李托运。

第三十八条　每位旅客的免费行李额（包括托运和自理行李）：持成人或儿童票的头等舱旅客为 40 千克，公务舱旅客为 30 千克，经济舱旅客为 20 千克。持婴儿票的旅客，无免费行李额。

搭乘同一航班前往同一目的地的两个以上的同行旅客，如在同一时间、同一地点办理行李托运手续，其免费行李额可以按照各自的客票价等级标准合并计算。

构成国际运输的国内航段，每位旅客的免费行李额按适用的国际航线免费行李额计算。

第三十九条　旅客必须凭有效客票托运行李。承运人应在客票及行李票上注明托运行李的件数和重量。

承运人一般应在航班离站当日办理乘机手续时收运行李；如团体旅客的行李过多，或因其他原因需要提前托运时，可与旅客约定时间、地点收运。

承运人对旅客托运的每件行李应拴挂行李牌，并将其中的识别联交给旅客。经承运人同意的自理行李应与托运行李合并计重后，交由旅客带入客舱自行照管，并在行李上拴挂自理行李牌。

不属于行李的物品应按货物托运，不能作为行李托运。

第四十条　旅客的逾重行李在其所乘飞机载量允许的情况下，应与旅客同机运送。旅客应对逾重行李付逾重行李费，逾重行李费率以每千克按经济舱票价的 1.5% 计算，金额以元为单位。

第四十一条　承运人为了运输安全，可以会同旅客对其行李进行检查；必要时，可会同有关部门进行检查。如果旅客拒绝接受检查，承运人对该行李有权拒绝运输。

第四十二条　旅客的托运行李，应与旅客同机运送，特殊情况下不能同机运送时，承运人应向旅客说明，并优先安排在后续的航班上运送。

第四十三条　旅客的托运行李，每千克价值超过人民币 50 元时，可办理行李的声明价值。

承运人应按旅客声明的价值中超过本条第一款规定限额部分的价值的 5‰ 收取声明价值附加费。金额以元为单位。

托运行李的声明价值不能超过行李本身的实际价值。每一旅客的行李声明价值最高限额为人民币 8000 元。如承运人对声明价值有异议而旅客又拒绝接受检查时，承运人有权拒绝收运。

第四十四条　小动物是指家庭饲养的猫、狗或其它小动物。小动物运输，应按下列规定办理：

旅客必须在定座或购票时提出，并提供动物检疫证明，经承运人同意后方可托运。

旅客应在乘机的当日，按承运人指定的时间，将小动物自行运到机场办理托运手续。

装运小动物的容器应符合下列要求：

（一）能防止小动物破坏、逃逸和伸出容器以外损伤旅客、行李或货物。

（二）保证空气流通，不致使小动物窒息。

（三）能防止粪便渗溢，以免污染飞机、机上设备及其他物品。

旅客携带的小动物，除经承运人特许外，一律不能放在客舱内运输。

小动物及其容器的重量应按逾重行李费的标准单独收费。

第四十五条　外交信袋应当由外交信使随身携带，自行照管。根据外交信使的要求，承运人也可以按照托运行李办理，但承运人只承担一般托运行李的责任。

外交信使携带的外交信袋和行李，可以合并计重或计件，超过免费行李额部分，按照逾重行李的规定办理。

外交信袋运输需要占用座位时，必须在定座时提出，并经承运人同意。

外交信袋占用每一座位的重量限额不得超过 75 千克，每件体积和重量的限制与行李相同。占用座位的外交信袋没有免费行李额，运费按下列两种办法计算，取其高者：

（一）根据占用座位的外交信袋实际重量，按照逾重行李费率计算运费；

（二）根据占用座位的外交信袋占用的座位数，按照运输起讫地点之间，与该外交信使所持客票票价级别相同的票价计算运费。

第四十六条　旅客的托运行李、自理行李和随身携带物品中，凡夹带国家规定的禁运物品、限制携带物品或危险物品等，其整件行李称为违章行李。对违章行李的处理规定如下：

（一）在始发地发现违章行李，应拒绝收运；如已承运，应取消运输，或将违章夹带物品取出后运输，已收逾重行李费不退。

（二）在经停地发现违章行李，应立即停运，已收逾重行李费不退。

（三）对违章行李中夹带的国家规定的禁运物品、限制携带物品或危险物品，交有关部门处理。

第四十七条　由于承运人的原因，需要安排旅客改乘其他航班，行李运输应随旅客作相应的变更，已收逾重行李费多退少不补；已交付的声明价值附加费不退。

行李的退运按如下规定办理：

（一）旅客在始发地要求退运行李，必须在行李装机前提出。如旅客退票，已托运的行李也必须同时退运。以上退运，均应退还已收逾重行李费。

（二）旅客在经停地退运行李，该航班未使用航段的已收逾重行李费不退。

（三）办理声明价值的行李退运时，在始发地退还已交付的声明价值附加费，在经停地不退已交付的声明价值附加费。

第四十八条　旅客应在航班到达后立即在机场凭行李牌的识别联领取行李。必要时，应交验客票。

承运人凭行李牌的识别联交付行李，对于领取行李的人是否确系旅客本人，以及由此造成的损失及费用，不承担责任。

旅客行李延误到达后，承运人应立即通知旅客领取，也可直接送达旅客。

旅客在领取行李时，如果没有提出异议，即为托运行李已经完好交付。

旅客遗失行李牌的识别联，应立即向承运人挂失。旅客如要求领取行李，应向承运人提供足够的证明，并在领取行李时出具收据。如在声明挂失前行李已被冒领，承运人不承担责任。

第四十九条 无法交付的行李，自行李到达的次日起，超过 90 天仍无人领取，承运人可按照无法交付行李的有关规定处理。

第五十条 行李运输发生延误、丢失或损坏，该航班经停地或目的地的承运人或其代理人应会同旅客填写《行李运输事故记录》，尽快查明情况和原因，并将调查结果答复旅客和有关单位。如发生行李赔偿，在经停地或目的地办理。

因承运人原因使旅客的托运行李未能与旅客同机到达，造成旅客旅途生活的不便，在经停地或目的地应给予旅客适当的临时生活用品补偿费。

第五十一条 旅客的托运行李全部或部分损坏、丢失，赔偿金额每千克不超过人民币 50 元。如行李的价值每千克低于 50 元时，按实际价值赔偿。已收逾重行李费退还。

旅客丢失行李的重量按实际托运行李的重量计算，无法确定重量时，每一旅客的丢失行李最多只能按该旅客享受的免费行李额赔偿。

旅客的丢失行李如已办理行李声明价值，应按声明的价值赔偿，声明价值附加费不退。行李的声明价值高于实际价值时，应按实际价值赔偿。

行李损坏时，按照行李降低的价值赔偿或负担修理费用。

由于发生在上、下航空器期间或航空器上的事件造成旅客的自理行李和随身携带物品灭失，承运人承担的最高赔偿金额每位旅客不超过人民币 2000 元。

构成国际运输的国内航段，行李赔偿按适用的国际运输行李赔偿规定办理。

已赔偿的旅客丢失行李找到后，承运人应迅速通知旅客领取，旅客应将自己的行李领回，退回全部赔款。临时生活用品补偿费不退。发现旅客有明显的欺诈行为，承运人有权追回全部赔款。

第五十二条 旅客的托运行李丢失或损坏，应按法定时限向承运人或其代理人提出赔偿要求，并随附客票（或影印件）、行李牌的识别联、《行李运输事故记录》、证明行李内容和价格的凭证以及其他有关的证明。

第十二章 旅客服务

第一节 一般服务

第五十三条 承运人应当以保证飞行安全和航班正常，提供良好服务为准则，以文明礼貌、热情周到的服务态度，认真做好空中和地面的旅客运输的各项服务工作。

第五十四条 从事航空运输旅客服务的人员应当经过相应的培训，取得上岗合格证书。未取得上岗合格证书的人员不得从事航空运输旅客服务工作。

第五十五条 在航空运输过程中，旅客发生疾病时，承运人应积极采取措施，尽力救护。

第五十六条 空中飞行过程中，承运人应根据飞行时间向旅客提供饮料或餐食。

第二节 不正常航班的服务

第五十七条 由于机务维护、航班调配、商务、机组等原因，造成航班在始发地延误或取消，承运人应当向旅客提供餐食或住宿等服务。

第五十八条 由于天气、突发事件、空中交通管制、安检以及旅客等非承运人原因，造成航班在始发地延误或取消，承运人应协助旅客安排餐食和住宿，费用可由旅客自理。

第五十九条 航班在经停地延误或取消，无论何种原因，承运人均应负责向经停旅客提供膳宿服务。

第六十条 航班延误或取消时，承运人应迅速及时将航班延误或取消等信息通知旅客，做好解释工作。

第六十一条 承运人和其他各保障部门应相互配合，各司其职，认真负责，共同保障航班正常，避免不必要的航班延误。

第六十二条 航班延误或取消时，承运人应根据旅客的要求，按本规则第十九条、第二十三条的规定认真做好后续航班安排或退票工作。

中国民用航空总局令
第 124 号

《中国民用航空总局关于修订〈中国民用航空旅客、行李国内运输规则〉的决定》（CCAR—271TR—R1），已经 2004 年 6 月 28 日中国民用航空总局局务会议通过，现予公布，自 2004 年 8 月 12 日起施行。

局 长 杨元元

二〇〇四年七月十二日

中国民用航空总局关于修订
《中国民用航空旅客、行李国内运输规则》的决定
（2004 年 7 月 12 日发布）

中国民用航空总局根据经国务院批准的民航国内航空运输价格改革方案的有关规定，决定对 1996 年 2 月 28 日以中国民用航空总局第 49 号令公布的《中国民用航空旅客、行李国内运输规则》（CCAR—271TR—R1）作如下修改：

一、第十五条第一至三款的内容修改为：

"革命伤残军人和因公致残的人民警察凭《中华人民共和国革命伤残军人证》和《中华人民共和国人民警察伤残抚恤证》，按照同一航班成人普通票价的 50％购票。

儿童按照同一航班成人普通票价的 50％购买儿童票，提供座位。

婴儿按照同一航班成人普通票价的 10％购买婴儿票，不提供座位；如需要单独占座位时，应购买儿童票。

航空公司销售以上优惠客票，不得附加购票时限等限制性条件。"

二、删除第二十二条第一款第（一）、（二）项和第二十九条、第三十条内容。

1996 年 2 月 28 日以中国民用航空总局第 49 号令公布的《中国民用航空旅客、行李国内运输规则》（CCAR—271TR—R1）根据本决定做相应的修订，重新公布。

本决定自 2004 年 8 月 12 日起实施。

4. 民航安检员国家职业标准

1 职业概况

1.1 职业名称

民航安全检查员。

1.2 职业定义

对乘坐民用航空器的旅客及其行李、进入候机隔离区的其他人员及其物品，以及空运货物、邮件实施安全检查的人员。

1.3 职业等级

本职业共设四个等级，分别为：初级安全检查员（国家职业资格五级）、中级安全检查员（国家职业资格四级）、高级安全检查员（国家职业资格三级）、主任安全检查员（国家职业资格二级）。

1.4 职业环境

室内，常温。

1.5 职业能力特征

具有较强的表达能力和空间感、形体知觉、嗅觉，手指、手臂灵活，动作协调；无残疾，无重听，无口吃，无色盲、色弱，矫正视力在 5.0 以上；身体健康，五官端正，男性身高在 1.65 米以上，女性身高在 1.60 米以上。

1.6 基本文化程度

高中毕业（或同等学历）。

1.7 培训要求

1.7.1 培训期限

全日制职业学校教育，根据其培养目标和教学计划确定。晋级培训期限：初级安全检查员不少于 300 标准学时；中级安全检查员不少于 200 标准学时；高级安全检查员不少于 200 标准学时；主任安全检查员不少于 200 标准学时。

1.7.2 培训教师

培训教师应当具有大专及以上文化程度，具备系统的安全检查知识，一定的实际工作经验和丰富的教学经验，良好的语言表达能力。培训教师也应具有相应级别；培训初、中级安全检查员的教师应具有本职业三级（高级安全检查员）及以上职业资格证书并从事安全检查工作 5 年以上；培训高级安全检查员的教师应具有本职业二级（主任安全检查员）职业资格证书或具有本职业三级职业资格证书并从事安全检查工作 10 年以上；培训主任安全检查员的教师应具有本职业二级职业资格证书 2 年以上。

1.7.3 培训场地设备

应具有满足教学要求的培训教室、教学设备，以及必要的安全检查员计算机培训测试系统、安全检查设备、违禁物品等。

1.8 鉴定要求

1.8.1 适用对象

从事或准备从事本职业的人员。

1.8.2 申报条件

——初级安全检查员（具备以下条件之一者）

（1）在本职业连续见习工作1年以上（含1年）；

（2）经本职业初级正规培训达规定标准学时数，并取得培训合格证书。

——中级安全检查员（具备以下条件之一者）

（1）取得本职业五级（初级安全检查员）职业资格证书后，连续从事本职业工作2年以上，经本职业中级正规培训达规定标准学时数，并取得培训合格证书；

（2）取得本职业五级职业资格证书后，连续从事本职业工作4年以上；

（3）中专以上（含中专）本专业毕业生，取得本职业五级职业资格证书后，连续从事本职业工作1年以上，经本职业中级正规培训达规定标准学时数，并取得培训合格证书。

——高级安全检查员（具备以下条件之一者）

（1）取得本职业四级（中级安全检查员）职业资格证书后，连续从事本职业工作3年以上，经本职业高级正规培训达规定标准学时数，并取得培训合格证书；

（2）取得本职业四级职业资格证书后，连续从事本职业工作5年以上；

（3）大专以上（含大专）本专业毕业生，取得本职业四级职业资格证书后，连续从事本职业工作1年以上，经本职业高级正规培训达规定标准学时数，并取得培训合格证书。

——主任安全检查员（具备以下条件之一者）

（1）取得本职业三级职业资格证书后，在安检现场值班领导岗位工作2年以上，经本职业技师正规培训达规定标准学时数，并取得培训合格证书；

（2）取得本职业三级职业资格证书后，连续从事本职业工作6年以上。

1.8.3 鉴定方式

分为理论知识考试和技能操作考核。理论知识考试采用闭卷笔试方式，技能操作考核采用模拟现场操作方式。理论知识考试和技能操作考核均实行百分制，成绩皆达60分以上者为合格。技师还须进行综合评审。

初级安全检查员技能操作考核项目分为三个鉴定模块，每个模块的考核成绩均达到本模块分值的60%（含）以上，则技能操作考核合格。

1.8.4 考评人员与考生配比

理论知识考试考评人员与考生配比为1：20，每个标准教室不少于2名考评人员；技能操作考核考评员与考生配比为1：5，且不少于3名考评员，综合评审委员不少于5人。

1.8.5 鉴定时间

理论知识考试为90分钟，技能操作考核为60分钟；综合评审时间不少于30分钟。

1.8.6 鉴定场所设备

理论知识考试在标准教室进行。技能操作考核在模拟现场或实际工作现场进行。

2 基本要求

2.1 职业道德

2.1.1 职业道德基本知识

2.1.2 职业守则

（1）爱岗敬业，忠于职守

（2）钻研业务，提高技能

（3）遵纪守法，严格检查

（4）文明执勤，优质服务

（5）团结友爱，协作配合

2.2　基础知识

2.2.1　航空运输基础知识

（1）航空器概念及飞机结构基本知识

（2）航线、航班与班期时刻表知识

（3）国内主要航空公司概况

（4）民航客、货运输基础知识

2.2.2　航空安全保卫法律、法规知识

（1）国际民航组织相关公约的知识

（2）《中华人民共和国民用航空法》的相关知识

（3）《中华人民共和国民用航空安全保卫条例》的相关知识

（4）《中国民用航空安全检查规则》的相关知识

2.2.3　物品检查知识

（1）禁止旅客随身携带或者托运的物品

（2）禁止旅客随身携带但可作为行李托运的物品

（3）乘机旅客限量随身携带的生活用品及数量

（4）爆炸物处置基本原则

2.2.4　监护工作知识

（1）隔离区监控程序、方法和重点部位

（2）隔离区清场内容、方法和重点部位

（3）隔离区内无人认领物品的处理方法

（4）飞机清舱的程序和重点部位

（5）飞机监护工作知识

2.2.5　劳动保护知识

（1）工作现场的环境要求

（2）安检设备的安全操作与防护知识

（3）《中华人民共和国劳动法》的相关知识

2.2.6　英语知识

（1）安全检查常用工作词汇

（2）安全检查常用工作会话

2.2.7　公关礼仪基本知识

（1）言谈、举止、着装规范

（2）主要服务忌语

（3）称呼与礼貌用语

（4）国内少数民族和外国风土人情常识

（5）旅客服务心理学基础知识

（6）涉外工作常识

2.2.8　机场联检部门工作常识

（1）边防检查部门的主要工作职责

（2）海关的主要任务

（3）检验检疫的主要任务

3 工作要求

本标准对初级、中级、高级和主任安全检查员的技能要求依次递进，高级别涵盖低级别的要求。

3.1 初级安全检查员

职业功能	工作内容	技能要求	相关知识
一、证件检查	（一）证件核查	1. 能识别有效乘机证件、客票、登机牌 2. 能识别涂改证件 3. 能识别伪造、变造证件 4. 能识别冒名顶替的证件 5. 能识别过期、破损证件 6. 能识别有效机场控制区通行证件	1. 验证检查岗位职责 2. 乘机有效身份证种类、式样 3. 证件检查的程序和方法 4. 验证岗位检查的注意事项 5. 机场控制区通行证件的种类和使用范围 6. 居民身份证的有效期和编号规则 7. 居民身份证一般防伪标识 8. 临时身份证明的要素 9. 主要国家的三字母代码表
	（二）情况处置	1. 能适时验放旅客 2. 能查缉与有效控制布控人员	1. 安检验讫章使用管理制度 2. 布控人员的查缉方法
二、人身检查	（一）设备准备	1. 能测试通过式金属探测门是否处于工作状态 2. 能测试手持金属探测器是否处于工作状态	1. 通过式金属探测门的工作原理 2. 通过式金属探测门的性能特点 3. 影响通过式金属探测门探测的因素 4. 手持金属探测器的工作原理
	（二）实施检查	1. 能使用通过式金属探测门和手持金属探测器实施人身检查 2. 能按规定程序实施手工人身检查	1. 人身检查岗位职责 2. 人身检查的方法 3. 人身检查的要领和程序 4. 人身检查的注意事项 5. 人身检查的重点对象和重点部位
三、物品检查	（一）开箱（包）检查	1. 能按规定程序实施开箱（包）检查 2. 能对常见物品进行检查 3. 能看懂危险品、违禁品的国际通用标识	1. 开箱（包）检查的岗位职责 2. 开箱（包）检查的程序、方法 3. 开箱（包）检查的重点对象 4. 开箱（包）检查的注意事项 5. 物品的检查方法 6. 危险品、违禁品的国际通用标识知识
	（二）情况处置	1. 能处理枪支、弹药、管制刀具等违禁物品 2. 能处理遗留、自弃、移交、暂存物品 3. 能填写暂存、移交物品单据 4. 能进行 X 射线机紧急关机	1. 常见违禁物品的处理办法 2. 常见易燃、易爆、腐蚀性、毒害性物品的种类 3. 暂存、移交物品单据的填写要求 4. X 射线机关机程序

3.2 中级安全检查员

职业功能	工作内容	技能要求	相关知识
一、证件检查	(一)证件核查	能使用证件鉴别仪器核查身份证件	1. 证件制作的材料知识 2. 证件防伪的技术方法 3. 伪假证件的特征 4. 识别伪假居民身份证的主要技术方法 5. 护照的防伪方法
一、证件检查	(二)情况处置	1. 能对旅客持涂改、伪造、变造、冒名顶替证件的情况进行处理 2. 能对旅客持过期身份证件的情况进行处理 3. 能对旅客因故不能出示居民身份证件的情况进行处理	1. 涂改、伪造、变造、冒名顶替证件的处理方法 2. 过期身份证件的处理方法 3. 旅客因故不能出示居民身份证件的处理方法
二、物品检查	(一)设备准备	1. 能按要求完成 X 射线机开、关机 2. 能根据 X 射线机自检情况判断其是否处于正常工作状态	1. X 射线机的种类 2. X 射线基本知识 3. X 射线机的工作原理 4. X 射线机操作规程 5. X 射线机的穿透力指标 6. X 射线机的空间分辨率指标
二、物品检查	(二)实施 X 射线机检查	1. 能利用 X 射线机功能键进行图像识别 2. 能识别常见物品的 X 射线图像 3. 能识别各类危险品、违禁品的图像 4. 能利用 X 射线机图像颜色定义分辨被检物品 5. 能利用 X 射线机不同灰度级含义分辨被检物品	1. X 射线机操作员的职责 2. X 射线机操作键的功能 3. X 射线机图像颜色的含义 4. X 射线机图像不同灰度的含义 5. 物品摆放角度与 X 射线图像显示的关系 6. 显示器的色饱和度和亮度的含义 7. 识别 X 射线图像的主要方法 8. 违禁品 X 射线图像特征 9. 常见易燃、易爆、腐蚀性、毒害性物品的性状
二、物品检查	(三)情况处置	1. 能对异常物品进行检查 2. 能对特殊物品进行检查 3. 能处置危险品、违禁品 4. 能处理国家法律法规规定的其他禁止携带、运输的物品 5. 能处理国家法律法规规定的其他限制携带、运输的物品 6. 能对可疑邮件、货物进行处理	1. 不易确定性质的粉末状物品的检查方法 2. 外形怪异、包装奇特的物品的检查方法 3. 机要文件、密码机的检查方法 4. 机密尖端产品的检查方法 5. 外汇箱(袋)的检查方法 6. 外交、信使邮袋的检查方法 7. 危险品、违禁品的处理要求 8. 国家法律法规有关其他禁止携带、运输物品的规定 9. 国家法律法规有关其他限制携带、运输物品的规定 10. 可疑邮件、货物的处理要求

3.3 高级安全检查员

职业功能	工作内容	技能要求	相关知识
一、物品检查	（一）设备准备	1. 能根据爆炸物探测设备自检情况判断其是否处于正常工作状态 2. 能判断网络型行李检查设备是否处于正常工作状态	1. 爆炸物探测设备操作规程 2. 网络型行李检查系统基础知识
	（二）情况处置	1. 能看懂危险品、违禁品英文品名 2. 能借助词典读懂物品英文说明书 3. 能识别制式、非制式爆炸装置 4. 能处置制式、非制式爆炸装置 5. 能使用爆炸物探测设备进行检查	1. 危险品、违禁品英文品名知识 2. 制式、非制式爆炸装置知识 3. 制式、非制式爆炸装置处置要求 4. 爆炸物探测设备工作原理
二、勤务管理	（一）组织与实施	1. 能按要求进行班前点名、班后讲评工作 2. 能按要求组织交接班工作 3. 能根据当日航班动态实施、调整当班勤务 4. 能编写安检工作情况报告	1. 勤务组织的原则 2. 勤务的实施要求 3. 勤务制度 4. 日常工作方案内容 5. 安检情况报告知识 6. 交接班制度 7. 点名讲评制度
	（二）情况处置	1. 能组织、实施对特殊旅客的检查 2. 能对旅客、货主暂存、自弃和遗留的物品进行管理 3. 能对不配合安全检查的情况进行处置 4. 能对扰乱安检工作秩序的情况进行处置 5. 能对隐匿携带或夹带危险品、违禁品的情况进行处置 6. 能对检查工作中发现的变异物品进行处置 7. 能处置勤务现场发生的旅客、货主的投诉 8. 能解答勤务过程中的问题 9. 能针对勤务中的有关问题同相关部门进行协调与沟通	1. 特殊旅客检查知识 2. 不配合安全检查情况的处置方法 3. 扰乱安检工作秩序情况的处置方法 4. 隐匿携带或夹带危险品、违禁品情况的处置方法 5. 法律基础知识 6. 物品管理制度 7. 协调与沟通技巧 8. 投诉处理的基本要求
三、业务培训	（一）指导操作	能指导初、中级安检员进行实际操作培训	培训教学的基本方法
	（二）理论培训	能讲授本专业技术理论知识	

3.4 主任安全检查员

职业功能	工作内容	技能要求	相关知识
一、设备管理	（一）设备选型	1. 能根据需要提出设备选型、配备计划 2. 能根据需要提出设备布局需求方案	1. 民用机场安全保卫设施建设标准 2. 民用机场安检定员定额行业标准
	（二）设备检测	能根据国家相关标准对设备性能指标进行测评	相关安全检查设备标准知识

续表

职业功能	工作内容	技能要求	相关知识
二、勤务管理	(一)组织与实施	1. 能编写本单位安检工作方案 2. 能组织实施安检工作方案 3. 能按照实际需要提出人员调配和岗位设置的需求 4. 能组织、开展安检调研工作 5. 能组织、开展应急演练工作 6. 能制定各岗位工作标准、考核办法 7. 能根据形势提出实施特别工作方案的具体措施 8. 能组织对安检人员的现场工作测试 9. 能对工作质量进行诊断,提出改进、优化安检操作规程方案	1. 安检调研工作知识 2. 安检工作的法律法规知识 3. 航空安全保卫管理知识 4. 犯罪心理学基础知识 5. 质量分析与控制方法 6. 安检现场测试方法 7. 各岗位工作相关标准
	(二)情况处置	1. 能分析勤务工作中发生问题的原因 2. 能提出解决勤务工作中存在问题的具体措施 3. 能对发生劫、炸机事件等紧急的情况进行处置	1. 在勤务实施过程中影响质量的因素及提高质量措施 2. 发生劫、炸机事件等紧急情况的处置方法
三、业务培训	(一)指导操作	能指导初、中、高级安检员进行实际操作	培训大纲、教案的编写方法
	(二)理论培训	能编写培训大纲、教案	

4 比重表

4.1 理论知识

项 目		初级安全检查员/%	中级安全检查员/%	高级安全检查员/%	主任安全检查员/%
基本要求	职业道德	5	5	5	5
	基础知识	30	20	15	10
相关知识	证件检查	15	10	10	5
	人身检查	25	15	10	5
相关知识	物品检查	25	50	30	30
	勤务管理	—	—	25	40
	业务培训	—	—	5	5
合计		100	100	100	100

4.2 技能要求

项　目		初级 安全检查员/%	中级 安全检查员/%	高级 安全检查员/%	主任 安全检查员/%
技能要求	证件检查	30	10	5	5
	人身检查	40	10	5	5
	物品检查	30	80	60	25
	勤务管理	—	—	25	60
	业务培训	—	—	5	5
合　计		100	100	100	100

参 考 文 献

[1] 李永，朱天柱. 民航机场地面服务概论. 北京：中国民航出版社，2006.

[2] 汪泓，周慧艳. 机场运营管理. 北京：清华大学出版社，2008.

[3] 竺志奇. 民航国内客运销售实务. 北京：中国民航出版社，2009.

[4] 黄建伟，郑巍. 民航地勤服务. 第5版. 北京：旅游教育出版社，2019.

[5] 中国民用航空局. 民用航空公共信息图形标志设置原则与要求（MH/T0012—1997）.

[6] 中国民用航空局. 民用航空公共信息标志用图形符号（MH0005—1997）.

[7] 中国民用航空局. 民用机场候机楼广播用语规范（MH/T1001—1995）.

[8] 何蕾. 空中乘务. 长沙：湖南大学出版社，2015.

[9] 中国民用航空局. 民用航空安全检查规则 CCAR-339-R1，2016.

[10] 张晓明. 民航旅客运输. 北京：旅游教育出版社，2016.